黑龙江省教学改革重点项目（项目编号：SJGZ2022170）高等院校体育
教学管理转向的建设与探索

# 高校体育教学改革与教学设计研究

李智鹏　孙　涛　何志海　著

吉林出版集团股份有限公司
全国百佳图书出版单位

**图书在版编目（CIP）数据**

高校体育教学改革与教学设计研究/李智鹏，孙涛，
何志海著 . — 长春：吉林出版集团股份有限公司，
2023.8

ISBN 978 - 7 - 5731 - 4192 - 7

Ⅰ. ①高…　Ⅱ. ①李… ②孙… ③何…　Ⅲ. ①体育教
学－教学研究－高等学校　Ⅳ. ①G807.4

中国国家版本馆 CIP 数据核字（2023）第 172182 号

# 高校体育教学改革与教学设计研究
GAOXIAO TIYU JIAOXUE GAIGE YU JIAOXUE SHEJI YANJIU

著　　者　李智鹏　孙　涛　何志海

出 版 人　吴　强

责任编辑　朱子玉

装帧设计　李艳艳

开　　本　787mm×1092mm　1/16

印　　张　8.75

字　　数　224 千字

版　　次　2023 年 8 月第 1 版

印　　次　2023 年 11 月第 1 次印刷

出　　版　吉林出版集团股份有限公司

发　　行　吉林音像出版社有限责任公司
　　　　　（吉林省长春市南关区福祉大路 5788 号）

电　　话　0431 - 81629679

印　　刷　吉林省信诚印刷有限公司

ISBN 978 - 7 - 5731 - 4192 - 7　　定　　价　58.00 元

如发现印装质量问题，影响阅读，请与出版社联系调换。

# 前　言

当前，高校体育教学改革是实现中华民族伟大复兴与建设中国体育强国的重要内容，是高校培养身心健康发展且具有良好社会适应能力的优秀人才和社会主义合格建设者的有效途径。高校体育教学改革是高等教育体系建设的组成部分，也是推动高等教育高质量发展的重要力量。对高校体育教学改革进行深入的分析和研究，既是完善体育教学发展的需求，也是体育教学实践获得更大进展的需求。因此，践行高校体育教学改革理论，不仅对高校教师以及大学生具有重要意义，更对高校体育教学具有重要的指导价值。

高校体育教学设计是实现体育教学最优化的前提，结合高校体育教学的要求进行高校体育教学设计，有助于促进高校体育教学工作的科学开展，提高理论和实践结合的水平，促进学生综合能力和教师教学能力的提高，助力学生德智体美劳的协调发展，也有助于体育教学媒体的开发。总之，深入研究高校体育教学改革与教学设计，对于提升教学效果、完善学生综合素质、推动教学发展具有非常重要的意义。

本书采用理论与实践相结合的方法，从高校体育教学理论出发，对高校体育教学的概念、特点、原则、功能等进行了理论阐述，并全面分析了高校体育教学现状与改革对策；结合当前高校体育教学发展情况，在高校体育教育理念、教学内容、教学方法、校园体育文化等方面实现全面的改革创新；并在此基础上，对高校体育教学设计进行分析，深入研究了高校体育云课堂教学设计、信息化教学设计、网络化教学设计等相关内容，以此提升高校体育教学效率与教学质量，为高校体育教学的创新发展提供一定的帮助，促进大学生全面发展。

本书在编写过程中吸收、借鉴了国内外许多专家学者的最新研究成果和出版文献，在此表示诚挚的感谢！由于作者水平有限，书中不当之处在所难免，敬请各位专家、同行和广大读者多加批评指正，以便我们进行修订和完善。

作　者
2023 年 3 月

# 目　录

# 第一章　导论

## 第一节　高校体育教学的概念与特点

### 一、高校体育教学的概念

高校体育教学是大学生以身体练习为主要手段，通过合理的体育教育和科学的体育锻炼，以增强体质、增进健康和提高体育素养为主要目标的过程。高校体育教学是学校课程体系的重要组成部分；是高等学校体育工作的中心环节，促进大学生身心和谐发展；是将思想品德教育、文化科学教育、生活与体育技能教育同身体活动有机结合的教育过程；是实施素质教育和培养全面发展的人才的重要途径。

体育教学过程是以教师为主导、以学生为主体的认知过程。探讨体育教学过程的本质特征、规律及一般模式的目的是推动体育教学质量的提高，在体育教学过程中落实全面教育和全面发展的现代教学思想。学校体育是学校教育的重要组成部分，它对提高民族素质，培养德、智、体全面发展的人才有十分重要的意义。近年来，随着学校体育教学改革的不断深入和发展，体育教学虽然取得了一些成绩，但还是存在一些弊端，其突出的表现是在体育教学过程中如何实现两个最基本的转变，即由以教师、书本为中心的教学思想向以学生为主体、学生活动为中心的教学思想的转变；由以单纯的知识传授向以学生的素质教育和能力培养的方向转变，在教学过程中追求学生的全面教育和全面发展。

体育教学过程是在教师的指导下，学生对体育活动的认识过程。在这个过程中，教师、学生、教学内容和教学手段4个要素构成了教学过程相互联系、相互影响的动态结构，其中任何一个要素发挥不好，教学的效果就会受到影响。探讨教学过程的特征和规律，合理安排教学过程中各要素的关系，建立和完善体育教学过程的模式，对提高教育质量和教学水平有着积极的意义。

### 二、高校体育教学的特点

高校体育教学是高校教育的重要组成部分，但由于高校体育教学较其他学科的教学而言具有更强的实践性，并且在教学过程中涉及的内容更多、更复杂，因此，高校体育教学与其他学科有着本质的区别。对于体育教学工作者而言，体育教学的特点是必备的知识之一。具体而言，高校体育教学的基本特点有以下几方面。

#### （一）身体参与的直接性

高校体育教学的根本目的就是增强学生的体质。其教学的本质就是通过肌肉群的运动，促进学生身体机能的发展，从而提高学生的运动技能。这就决定了高校体育这门课程需要通过反复的教授和实践，让学生掌握锻炼的方法。直观地说，高校体育教学就是通过肌肉的感觉将信息传递到中枢，然后经过反复的条件刺激，建立起条件反射，最终经过分析、总结，达到对某种技能的理性认识，使学生掌握某项体育运动技能的过程。因此，高校体育教学的特点之一就是身体参与的直接性。

身体参与的直接性主要表现在两个方面：

（1）教师身体参与的直接性。有些体育运动需要教师亲身示范，这是高校体育教学中最常见的一种教学方式。

（2）学生身体参与的直接性。学生亲身参与练习，按照教师的示范，进行反复尝试和练习。

## （二）认知活动的本体性

体育教学贯穿学校教育的整个阶段，体育教学内容也较为复杂。因此，在教学过程中，教师要根据学生的认知规律和身心发展的特点组织体育教学的内容，最大限度地促进学生对体育知识和技能的掌握。如果安排的教学内容与学生认知活动的本体性发展有一定差距，就会降低学生对体育教学的兴趣和参与热情，让学生产生厌恶的情绪，不利于体育教学的开展。例如，教师对低年级的学生开展体育教学的时候，应该多采用一些游戏式的教学方法，所选用的教学内容也应该较为形象、简单，这样易于学生掌握和接受；对高年级的学生进行体育教学的时候，应该在教学过程中多加入一些比赛活动，激发学生的热情，这样有利于提高学生的学习兴趣。因此，在开展体育教学的过程中，教师要遵循认知活动的本体性特点。

## （三）体力和智力的结合性

体力和智力的结合性是当今素质教育和全面发展教育的主要内容。众所周知，体育锻炼能通过各种调节人体机能的运动或是活动达到强健骨骼、增强体质的目的。骨骼生长需要不断吸收蛋白质和无机盐，人体必须有足够的维生素才能使钙和磷被更好地吸收。在体育课上，进行户外锻炼的时候，日光中的紫外线能够促进机体对钙和磷的吸收。体育锻炼还能使肌体的纤维变粗，增加肌肉血液的供应，增加毛细血管的收缩程度，使肌肉强壮。除此之外，体育锻炼还能促进人体大脑和神经系统及其他各部分的生长发育。适当开展一些体力活动能有效地增加脑的质量、皮质的厚度和神经细胞的体积，使脑物质结构发生变化，延缓衰老，消除疲劳，提高大脑的工作效率，从而提高记忆力。此外，适当开展一些体力活动还可以提高脑细胞的反应速度，有利于发挥脑的智力功能。

## （四）教学内容的健身性

体育教学内容的健身性是体育教学的显性特点。体育课程是教师通过讲解和示范，带领学生进行各种锻炼活动，并且在活动过程中引导学生掌握相关知识和技能的过程。例如，体育教师在体育课上组织学生进行各种体育锻炼活动，根据学生的体质特点，开展各种强度不同的体育练习，使学生学习并掌握运动技能，身心得到运动负荷的刺激，从而增强学生体质、促进学生身心健康，达到健身的目的。

## （五）学生身体的生理负荷性

高校体育教学涉及很多运动和锻炼，这些都是通过肌肉群的运动，促进身体机能的变化。学生在参与过程中，通过肌肉群的运动，促进新陈代谢，增加身体的生理负荷，最终达到强身健体的目的。例如，学生参加跑步活动，跑步结束后学生小腿肌肉和大腿内侧的肌肉会有酸胀感，同时会感觉到身体劳累，这就说明体育锻炼具有增加学生身体的生理负荷的特点。除了跑步这项运动之外，跳远、篮球、足球等能够带动机体肌肉群的运动，都能使机体产生负荷。

### （六）人际交往的直接性

高校体育教学是实践性很强的教学，是开放式的教学，与语文、数学等文化课学科的教学有着本质的区别。因为高校体育教学大都是室外教学，这能够促进学生之间自由式的互动与交流，从而提升学生自身的交际能力。例如，学生在进行跳远练习的时候，需要互相帮助测量跳远的成绩，学生的成绩是透明的，能促进学生之间的交流和讨论，促进学生对跳远技巧的研究，在发现与解决问题的过程中促进学生交际能力的提升。除此之外，高校体育教学中还有很多比赛项目，在这些比赛项目中，教师会将学生分成小组，让小组之间进行比赛，小组成员之间相互配合、相互支持，形成团队凝聚力，这有利于培养学生的集体精神。

### （七）学习行为表现的直接性

在教学过程中强调学生的参与，这也是体育教学的基本形式。例如，在教授学生立定跳远技巧的时候，首先由教师进行示范，学生在观察教师的示范后单独练习，在练习的过程中，由教师对其错误的动作进行指正，然后不断地规范其跳远动作，最终使学生掌握立定跳远的技能和技巧。由此可以看出，学习行为表现的直接性是体育教学的特点之一。

# 第二节　高校体育教学的原则与功能

## 一、高校体育教学的原则

### （一）教学原则的定义

教学原则是人们根据一定的教学目的，遵循教学过程的规律制定的对教学的基本要求，是指导教学活动的一般原理。教学原则来源于教学实践，是人们经过长期的教学活动，归纳和总结的教学客观规律，它体现了人们对教与学的发展过程所反映出来的客观规律的认识。

教学规律是客观存在的，是不以人的意志为转移的，是教学过程中固有的、本质的、必然的、内在的联系。人们只能发现它和利用它，在教学中不断地认识它，而不能违背它、改变它。教学原则是根据人们对教学规律的认识而制定的，搞好教学工作必须遵循教学原则。同时，教学原则是主观对客观的反映，有正确与错误之分，它可以随着教学实践的变化而变化。只有教学原则正确地反映了教学规律，同时教师在教学中很好地掌握和利用了教学原则，教学才能取得成功。所以，教学原则与教学规律是一致的，它们在教学活动中都具有很大的指导意义，两者都是必不可少的。

### （二）体育教学原则的作用

体育教学原则是体育教学过程中必须遵守的准则或标准。作为体育教学工作的指导原理和基本要求，体育教学原则对体育教学工作具有指导作用。在体育教学过程中，体育教学原则既是出发点，又是调节中枢。它在一定程度上决定着教学内容的安排、教学方法的选择和教学组织形式的运用。学习和掌握体育教学原则，能使我们按照体育教学的客观规律组织教学活动，正确解决教学内容、教学方法和教学组织形式等一系列理论与实践问题；遵循体育教学原则进行体育教学，能提高体育教学质量；反之，违背了体育教学原则，会降低教学质量，甚至劳而无功。

体育教学原则作用的发挥，不是某个原则所能单独完成的，而是需要一个完整的体育教学原则体系。所谓教学原则体系，就是指："反映教学规律的多个原则之间不是孤立分散的原理，而是有机地相互联系的组合。"[①] 只有建立一个科学完整的体育教学原则体系，才能发挥体育教学原则对整个体育教学过程的指导作用。由于人们对体育教学规律认识的角度不同，在构建体育教学原则体系的过程中，有的从社会学的角度出发，有的侧重教育学，有的偏重心理学，等等。因此，对于如何建立一个完整的体育教学原则体系，目前的体育教育理论界认识尚不一致。

### （三）体育教学原则

#### 1. 自觉积极性原则

自觉积极性原则是指在教师主导下，充分调动学生学习的自觉积极性，发挥学生的主体作用，培养学生学习的主动性和创造性，使学生把认真完成学习任务变成自觉的行动。

自觉积极性原则是由教师的教与学生的学的双边活动过程的教学规律决定的。因为教师是教育者，他们掌握了比较丰富的体育知识、技术和经验，能满足教好学生的需要。在实施教学计划过程中，教师的教起着主导作用，它不仅表现在对计划的制订和执行上，还表现在对教学过程的调节和控制上。学生是教学的对象，是知识、技术的接受者，是学习的主体。但是，学生学习的自觉积极性不完全是自发的，还取决于教师的指导、传授、调节和控制。反过来，学生有了学习和练习的自觉积极性，又能主动地自我调节和控制，并与教师的调节和控制协调一致，以保证预定教学目标的实现。所以，在体育教学过程中，我们要把教师的主导作用与学生学习的自觉积极性很好地结合起来，这是提高教学质量的根本条件。

#### 2. 直观性原则

直观性原则是在体育教学中，教师要充分利用各种直观方式和学生已有的经验，通过学生的各种感觉器官去感知事物，培养学生的观察能力和积极思维能力，使学生获得直接经验和感性认识，为学生掌握体育知识、技术和技能奠定基础。

确定直观性原则的依据是辩证唯物主义的认识规律。从生动的直观感知到抽象的思维，并从抽象的思维到实践，就是认识规律。它是认识客观实际的辩证途径。任何知识的来源，都在于人的肉体感官对客观外界的感觉。在体育教学中，学生掌握体育的知识、技术和技能，也是从建立感性认识开始的。学生必须感知所学的动作（包括触觉和本体感觉的感知），在感知的基础上建立起完整的、正确的动作形象和概念，从而为掌握体育的知识、技术和技能奠定基础。

#### 3. 因材施教原则

因材施教原则是指体育教师在教学中既要面向全体学生，提出统一要求，又要注意不同

---

① 郭道全，魏富民，肖勤，等.现代高校体育教学概论［M］.北京：中国商务出版社，2015：24.

班级和学生的个体差异，把集体教学和个别指导结合起来，使每个学生的才能和特长都能得到充分发展。

确定因材施教原则的依据是学生身心发展的客观规律及个体发展的不平衡性。同一年级或同一年龄段的学生，其身心发展规律具有共同点，因而教师在进行体育教学时可以对他们提出统一的规定和要求。同时，同一年级或同一年龄段的学生的身心发展存在着个体差异的发展不平衡性，如在身体形态、身体素质、运动能力、兴趣爱好、运动项目专长等方面都存有差异。这些不同点，又要求教师在统一的基础上注意因材施教。

### 4. 身体全面发展原则

身体全面发展原则是指在体育教学过程中，教材内容的选择和安排要全面多样，使学生身体的各个部位、器官、系统的机能，各种身体素质和基本活动能力，都得到全面发展。

青少年的身体正处在生长发育期，可塑性很强。在体育教学中选择多种多样的不同性质的教材，采用多种有效的教学手段，有利于学生的身体得到全面锻炼，身体各个器官的机能得到协调发展，养成正确的身体姿势；而长时间进行单一的、局部的锻炼，就得不到理想的锻炼效果，甚至会造成某种畸形的发展，有碍学生健康。人体是一个完整统一的有机体。人体各器官系统的机能、各种身体素质和基本活动能力之间都是相互联系的，某一方面的发展，会影响其他方面的发展与提高。因此，只有以身体全面锻炼为基础，才能促进学生全面协调发展。

### 5. 合理安排生理负荷原则

合理安排生理负荷原则就是在体育教学中要使学生承受适当的生理负荷，并使练习与休息合理交替，以促进学生身体协调发展。

确定合理安排负荷的依据是学生在体育教学中生理负荷的规律。人体功能的改善和提高，必须在适宜的生理负荷的刺激下才能实现。因此，在一定的限度内，生理负荷越大，超量恢复的效果也就越好，适应变化的能力也越强；但如果生理刺激的强度过大，超过了一定限度，生理机能就会受到损害；而生理负荷刺激强度过小，对生理机能的发展也不会产生好的影响。

### 6. 循序渐进原则

循序渐进原则是指体育教学内容、教学方法和负荷的安排顺序必须遵循系统性和连贯性的要求，符合学生的年龄、性别特征，使学生按照一定的客观规律，逐步得到提高与发展。

循序渐进原则的依据是人们认识事物的规律、动作技能形成的规律和知识、技术的系统性及连贯性。在体育教学中，教师必须遵循由易到难、由简到繁的原则，逐步深化，这样才能使学生更好地掌握体育的知识、技术和技能。

### 7. 巩固提高原则

巩固提高原则是指在体育教学中，要使学生牢固地掌握所学的基础知识、基本技术和技能，不断地发展体能、增强体质，并逐步提高。

巩固提高原则的依据是运动条件反射建立与消退的生理规律。因为动作技术、技能的掌握、巩固和提高，是通过不断的反复练习而形成的。反复练习可以使运动条件反射不断地建立和巩固，并在大脑皮层建立动力定型。但是动力定型建立以后，学生还要继续练习，以不断强化，使动力定型更加巩固和完善；否则，已经形成的动力定型还会消退，从而影响教学效果。

## 二、高校体育教学的功能

与其他教师不同，体育教师不仅要向学生传授生物、生理、心理、医学等自然科学和体育的基本知识，还要将科学的身体锻炼方法与手段传授给学生，使学生掌握正确的运动技能，同时达到学习、健身与锻炼的目的。从系统论角度出发，体育教学的功能与体育教学的内部结构存在逻辑关系。要了解体育教学的功能，就要先认识体育教学的内部结构。体育教学的内部结构包括学段教学、学年教学、学期教学、单元教学、课时教学，是一个比较完整的体系。体育教学的结构是中性的，因此，体育教学的功能也是中性的，没有优劣之分。此外，体育教学对培养学生的爱国主义情感，集体主义价值观，互帮友爱、顽强拼搏、积极进取的精神也有着极大的促进作用。具体来说，高校体育教学主要具有以下功能。

### （一）传授运动技术的功能

传统的运动技能等同于生存技能，如原始人通过走、跑、跳、投、打等行为捕猎和采摘，从而获得生存的能量。

现代体育教学所涉及的体育运动技能对于人体的要求不再像过去那样严格，主要包括球类、武术、田径和游泳等运动技巧和方法。科学研究表明，适当参加体育运动对人身体素质的发展非常有益，而体育教学就是传授这些运动技术的最好方式。

在当前的体育教学中，体育教学活动的组织过程就是体育教师以体育教学内容为依据，向学生传授体育知识和相关技能的双向信息传送的过程。因此，运动技术是体育教学的主要内容，也是重要内容。具体来说，教师在体育课上传授的是各项具体的运动技术，如足球运动传球技术中的脚背内侧传球技术。运动技术的学习不同于其他学科的学习，学生不仅需要对运动理论有深刻的了解，还要身体力行地参与技术练习，在无数次的重复中逐渐使脑和身体建立起对技术的表象反应，最终熟悉动作并可以在下意识的情况下做出正确的动作。

作为运动技术的掌握者和传播者，体育教师在向学生传授运动技术的过程中发挥着十分重要的作用。体育教师对运动技术的传授应从简单的、入门的、基础的内容入手，在此之后逐渐积累，由简到繁，循序渐进。

### （二）传承体育文化的功能

体育教师对体育知识、运动技能的传授都是为体育文化的传承服务的。从某种意义上讲，体育教学的真正目的在于让学生掌握正确的体育运动方法，并对学生的身心产生持续的、良好的影响。

传承体育文化是一个长期的、系统的过程，要想真正实现体育教学传承体育文化的功能，体育教师就必须通过不同阶段的体育教学使学生学习到较为完整的运动知识和运动文化。具体应从以下两个方面着手：

首先，保证单次体育课教学内容之间的连贯性。体育教师可以把学生在体育课中要学习的各种简单的运动技术累加起来，使学生学到某个运动项目的完整技术。

其次，保证不同阶段体育教学的可持续发展。体育教学是由每周二至三次的体育课组成的、贯穿全年的教学。根据不同的教学周期，体育教学可以分为课程教学、周教学、学期教学、学年教学。比学年教学周期更长的就是多年教学，如小学体育教学、初中体育教学、高中体育教学和高校体育教学。体育教学应将这几个不同阶段有机统一起来，促进学生全面掌握体育文化系统。

### (三) 传播体育知识的功能

体育教学具有传播体育知识的重要功能。体育教学主要是通过改造学生身体的方式来实施教学的。从教与学的角度来说，可以将体育知识比作"身体的知识"。这种知识最初伴随着人类的发展而发展，在每个时期都有相应的对"身体的知识"的传承。例如，在原始社会，"身体的知识"就是人类通过走、跑、跳、投、打等动作捕获猎物或逃避猛兽的追捕；在现代社会，"身体的知识"变成了对某项体育运动（如篮球、体操）基本知识或某些体育技能的掌握。

现代教育强调以人为本。人们对以人为本的教育教学理念的追求使得人类自我知识出现回归，不仅使体育教学具有特殊性，还赋予体育教学知识传承的特殊意义。具体到体育教学中，现代教育要求教师重视学生的主体地位。

体育教学对体育知识的传承不是简单的"身体的知识"的模仿，更多的是通过体育教学传承体育文化，即体育教师通过体育教学内容向学生展现并传授体育文化。

### (四) 健体的功能

增强人民体质是发展体育运动的根本目的。经过长期改革与实践，现代体育课程在设计教学大纲、选择教材内容、安排课时、实施教学组织等方面已逐渐合理化、科学化。

促进学生身体的发展，实现体育的健身功能是体育教学的本质意义。体育教师应始终将健康教育放在重要位置。根据体育教学的规律和特点，体育教师将各种行之有效的健身内容、方法和手段应用到体育教学中，有机协调体育教学的教育性、健身性、竞技性和娱乐性等，提高体育教学的质量，促进学生积极地参与体育运动、科学地进行体育锻炼，进而达到强身健体的目的。

为保证学生身体的健康，体育教师应酌情安排运动负荷和强度。学生亲身参与体育运动实践在体育教学活动中是必不可少的。参与体育运动实践必然会使学生的身体承受一定的运动负荷。合理的运动负荷对提高学生的身体素质有极大的帮助。它对学生的机体或多或少会产生一定的刺激与影响，其影响的程度要视运动项目的内容、学生的身体素质、持续运动的时间、运动间隙时间、营养补充状态等而定。不同的运动项目对身体素质的要求不同。例如，足球运动对人体的耐力、爆发力、速度和灵敏性有着较高要求，游泳对人的心肺功能和协调能力有较高要求，等等。体育运动如果运动负荷过大，不仅对学生的健康无益，还会对学生的健康造成损害。因此，体育教师在制订教学计划前要对学生的普遍体质与运动基础有一个清晰的、全面的认识；在体育教学实施过程中，体育教师要遵循体育教学的规律，运用科学的教法，合理组织体育教学，以此有效发挥体育教学的健身功能。

### (五) 促进心理健康的功能

心理健康是评定人体健康的指标之一。体育教学不仅有利于学生的身体发展，还对学生的心理健康发展具有重要作用。

与体育教学的健身功能一样，体育教学促进心理健康的功能主要是通过体育教师的传授来实现的。体育教师的一言一行无时无刻不影响着学生的思想，并且这些影响都是潜移默化的，因此，体育教师必须身体力行、为人师表，为学生做出表率。

体育教学促进心理健康功能主要表现在以下几个方面：

（1）缓解压力。体育活动可以使学生得到身体和心理上的放松，缓解学生的学习压力。

（2）平和心态。体育活动可以培养学生在逆境中正确调整心态的能力，使学生明白作为胜利者也要做到戒骄戒躁，只有具备这样的素质，才能再接再厉，取得成功。

（3）修养品德。体育教学具有帮助学生形成良好思想品德的功能。学生在体育教学与比赛中，可以养成遵纪守则的良好习惯。要想使运动竞赛或游戏顺利进行，学生就必须自觉遵守既定规则。在体育练习或比赛（游戏）中，学生还要懂得关心同学、尊重对手、尊重裁判，自觉遵守体育课堂秩序。

（4）完善人格。系统的体育教学对陶冶学生的情操、塑造学生完善的人格具有重要作用。在体育教学过程中，大多数体育运动或体育游戏都需要学生的集体参与方能完成。体育运动取胜的关键是集体的团结与配合。学生为了取胜，势必会认识到团结互助、协调合作、发挥集体力量的重要性。学生作为体育运动团队中的一员，必须学会处理个人利益与集体利益的关系，要克服一己私欲，顾全大局。

# 第三节　高校体育教学的现状与问题解决对策

## 一、高校体育教学现状分析

### （一）教学观念落后

根据目前各大高校的体育教学实际情况分析，还是有许多学校未能摆脱传统教学观念的限制。传统的教育观念会在一定程度上影响学生的思想，降低学生对体育教学工作的重视，打击学生的学习积极性，使得学生在学习中无法快速提高自身体育学习成绩。另外，教师在教学工作中未能根据时代发展和高校体育教学的要求及时更新自身的教学理念，这使得课堂教学工作缺乏一定的系统性，课堂教学内容缺乏一定的合理性，学生无法在教师的引导下加强对相关知识的了解，影响学生的发展。

### （二）教学目标狭隘

教学目标狭隘，是现阶段许多高校体育教学中出现的典型问题：其一，很多高校体育教师在传统思维的影响下，会单纯地将提高学生的运动能力、竞技水平作为教学目标。诚然，这对于本身身体素质较好、运动能力较强的学生而言，便于其发挥长处，也有利于许多高校教师对人才的挖掘和培养。但是若制订上述教学目标，对于一些身体素质相对较差、运动能力不强的学生而言，无疑会造成很大的学习压力，还很可能打击其学习积极性。其二，许多体育教师在制订长期的教学目标时，往往过多地关注体育本身的健身意义，却忽视了德育，因而影响到高校体育教学价值的发挥。

### （三）教学内容枯燥

体育教材、教案是高校开展体育教学工作的主要载体。从实际运用情况来看，许多高校体育教学中使用到的教材都存在着略微老套、枯燥的问题，其对于高校学生而言没有较大的吸引力。通常，大学生接受体育学习的目的有两个：第一，提升身体素质；第二，让身心得到放松，促进身心健康。倘若高校体育教学的内容未能与时俱进，会难以激发学生的学习兴趣，学生也就不想在体育运动上花费更多的精力和时间，这对于其自身综合发展而言必定会产生不良影响，当然也会阻碍高校体育整体教学工作的推进。

（四）教学方法单一

教学方法指将教学内容传授给学生的一种途径。高校体育教学所涉及的内容相对丰富，且学生对于教学的需求较多样化，再加上现代化教学技术不断更新完善，这都给体育教学方法的改良创造了良好条件，从而让教学方法更具针对性、科学性，更吸引学生注意。然而从实际情况来看，还是有很多高校的体育教师依然采取单纯的讲述、示范法进行教学。此类方法都过多地强调教师主导地位，却忽视了学生的主体地位，并不注重对学生实践能力的提高，如此便降低了学生学习的积极性。

（五）课外体育活动种类匮乏

课外体育活动是高校体育教学的扩展和延伸，也是体育文化的关键性构成。目前有很多高校的课外活动都以体育竞赛为主，如小组篮球赛、足球赛等。此类活动多为体育竞技比赛，竞赛性强但缺乏一定的趣味性，且参加活动的都是运动特长的学生，这导致课外体育活动仅仅有部分人参与，无法实现全面育人目标，因而也无法凸显出体育教学延伸的价值和意义。

（六）教学评价体系不完善

作为体育教学中的一个重要环节，教学评价主要是为了对学生的学习情况进行了解，及时发现教学中存在的问题，并以此为依据对教学过程进行优化调整，提高教学的针对性，对学生起到一定的激励作用，以推动教学质量的提升。然而，在当前我国高校体育教学评价中，很多体育教师对教学评价不够重视，教学评价体系不够完善，缺乏科学性与有效性，通常只是以学生的学习成绩考核为主，对学生的学习效果进行评价，也就是注重终结性评价，却很少将学生的学习过程纳入考核范围，忽视过程性评价。体育教师在考核评价过程中，几乎不考虑学生学习的积极性、运动参与态度、运动技能进步情况、思想道德等，这也导致体育教师在具体的教学中对这些情况缺乏足够的重视。

（七）教学资源配置不平衡

虽然部分高校在教学过程中逐渐认识到体育教育改革的重要性，但是多数高校体育教学工作仍旧存在着一定的问题，限制着学生的发展，使得学生在体育学习中无法快速提高自身的身体素质与体育学习成绩。高校在体育教学工作中未深入了解其作用，未能加大对体育教学的资金投入，而是在学生专业性课程中投入大量的资金。这种校内资源配置不平衡的现象导致学生在体育课堂学习中不能利用体育器材进行充分的练习，降低了课堂教学质量，限制着学生的发展。高校相关人员在实际工作中应根据学生的学习需求加大对体育教学改革的资金投入，提高高校体育课程的教学水平，以促进高校的快速发展。

（八）教学改革的理论研究与教学实践缺乏整体性

虽然我国有关部门逐渐认识到了体育教学工作对学生全面发展的重要性，并在相关工作中要求高校在教学过程中实行素质教育，以期能够促进学生的全面发展。在实施改革工作期间，高校及相关工作者也提出一系列相关口号，以加快完成我国高校体育的改革任务，以期能够提高高校体育教学水平。但在实际工作中，相关人员及高校教师并未根据我国高校体育教学改革需求对工作进行改进，这导致体育教学改革工作无法顺利完成。高校体育教师在教学工作中并未根据体育教学改革工作的要求全面了解学生体育学习的需求，并未落实相关理论工作，这导致高校体育教师无法提高自身的教学水平。

## 二、高校体育教学问题解决对策

### （一）树立科学先进的教学观念

根据目前情况，高校体育教师应当在日常工作中建立起以下三种科学的教育观念：首先，"健身第一"。此教学观凸显出学生体育活动的重要性，尤其关注到驼背、斜肩等问题，教师在教学过程中要做好监护，防止学生在锻炼时不慎受伤。其次，"终身体育"。此观念表达的是要让学生具备日常运动的习惯，并能积极参加力所能及的课外活动，从而利于其未来发展。最后，"立德树人"。在所有学科中融入德育已是现阶段的必然趋势，因此，高校体育教师要明确体育运动中所体现出的德育价值，并结合社会对高校学生品德素质的需求来强化基础德育工作，以提高学生对体育教学的认知。由此可见，在教学工作中，教师只有及时更新自身的教学理念，正确认识体育教学在高校教育中的重要性，加强对学生的引导，促使学生快速发展，保证学生在提高自身专业课成绩、提高实践能力的同时，不断地提高自身的身体素质，进而提高综合素质。

### （二）制订符合实际的教学目标

教学目标是否符合实际，会直接影响最终的教学质量。从宏观角度分析，提升高校学生的身体素质和保障其身心健康，应该作为高校体育最基础的教学目标，其核心目标应该是培养高校学生的品德素质，更长远的发展目标则是培养学生良好的运动习惯，从而促进其未来发展。从微观角度分析，高校的整体体育教学目标，应当是促进所有学生发展，从中发现体育人才并培养，则是后期的发展目标。在制订上述目标时，高校的体育教师要着眼于学校实际情况，包括体育教学设备、师资力量、学生体育需求等，尽量保障教学目标的简洁、严谨和精细。

### （三）增加丰富新颖的教学内容

为了增加更多新颖、充满趣味的教学内容，高校体育教师可从以下几点做起：首先，结合调查问卷、随机访问、课堂抽查等方式，对目前学生对于体育教学的态度加以了解，并汇总记录学生内心希望学习到的体育知识。在此过程中，教师要鼓励学生积极表达看法，各抒己见。其次，在收集到学生的反馈信息后，学校要组织专业的教师团队，设计或是引用符合本校发展的体育教材、相关教案等。研究发现，冰雪运动、定向运动、电子竞技都受到很多年轻群体的青睐。因此，体育教师在设计时可结合学校的发展情况，有计划地围绕一些新兴的体育运动，设计新颖的教学方案，激发大学生对于体育学习的积极性。例如，2021年3月，在吉林市成立了中国大学生体育协会雪上项目运动分会，此举措借助大学校园对冰雪运动加以宣传和普及，提高了大学生的运动参与度。

## （四）创新灵活的教学方法

传统的教学方法虽然能收到一定的教学成效，但并不利于培养大学生的实践、思考和创新能力，而这些能力对于大学生未来的就业和发展而言都非常关键。因此，高校的体育教师要着眼于学生的未来发展，将培育优秀的社会人才作为教学目标。从目前的情况分析，如小组教学、分组讨论、案例教学、比赛教学、情境创设等方法更能有效提升学生的思维和技能。同时，上述方法更多地强调学生的主体地位，主张学生要自主发现问题、解决问题。此外，要注意的是，在信息化时代的背景下，如互联网、云计算、AI等科学技术开始被广泛运用到高校教育中，因此，体育教师也可跟随时代发展步伐，多利用一些先进的教学技术来创新课堂，如微课教学、慕课教学。

## （五）组织多样化的课外体育活动

在课堂体育教学之外，高校体育教师可多组织一些有趣的活动，以提升学生的兴趣。例如，2021年8月，中国青年报社中青校园媒体对全国两千多名大学生进行问卷调查，结果显示，有90.0%的学生偏好于冲浪、滑板、街舞、攀岩等新兴活动。因此，高校可结合自己的实际教学条件和目标，针对性开展相关活动。例如，厦门大学就开设了网红桨板课，浙江大学、长沙理工大学等开设了攀岩课。在设置体育教学课程时，教师要从学生的日常生活分析，并明确课外体育活动和单纯的体育运动间的差别，如关于体育活动的摄影展览、体育相关的设计等都是课外文化活动，能够满足大学生独特的运动审美，促进其全面发展。

## （六）加强体育教学评价体系的创新与完善

针对当前高校体育教学评价体系不够完善的问题，各高校可以从以下两个方面对体育教学评价体系进行创新与完善。关于评价方法方面，高校应该坚持以教师评价、专家评价为主，同时应该引导、鼓励学生对自身的体育课程学习情况、其他同学的学习情况以及体育教师的教学情况进行评价，鼓励学生勇敢地表达自己的想法与建议；主要采用量化评价与质性评价相结合的方法。关于评价内容方面，体育教师除了需要对学生的体育知识学习情况、体育技能掌握情况进行评价之外，还应该对学生的学习过程进行评价，具体对学生的道德品质、体育审美、赛事欣赏、心理情感、社会适应能力、努力程度、进步幅度、参与态度、实践能力等方面的情况进行综合全面的评价，建立多元体育教学评价体系，以使学生对自身的学习情况形成客观全面的认识，以便于学生在之后的学习中针对自身的不足进行针对性学习与训练。

## （七）重视对体育教学资源的投入、利用和开发

高校在体育教学工作中应帮助教师树立体育教学改革意识，并逐渐加强对体育教学资源的投入、利用和开发工作，为我国教育改革工作奠定一定的基础，促使其快速发展。高校应注意提高对体育教学工作的重视，积极为学生体育活动修建一定的场所，引进先进的教学器材，确保在课堂教学中学生可以利用足够数量的器材进行练习，减少学生在课堂教学中练习等待的时间，提高学生体育技能的训练程度，以此提高课堂教学工作的效率，促进学生的快速发展。另外，高校应加强对教师培训的投资，在一定程度上提高教师的专业教学水平及教学能力，使其在教学工作中可以提高教学水平，为体育教学改革做出一定的贡献。

（八）加快理论与教学实践整体性发展

高校及教师在体育教育改革工作中应加强对实践工作的重视，确保体育教育改革工作可以在提高学生的身体素质及综合能力方面发挥重要作用，使学生在进入社会时能快速适应自身的工作岗位。在体育教学改革工作中，教师应全面完善体育教学相关理论，保证学生可以通过相关理论全面了解相关知识，提高学生学习体育理论知识的系统性，并在学生具备一定理论知识的基础上加强学生对相关知识的实践，强化体育技巧，以此帮助学生提高自身的体育成绩。

# 第二章　现代教育理念下
# 高校体育教学改革研究

## 第一节　"健康第一"教育理念下的高校体育教学改革

### 一、"健康第一"的教育理念

（一）"健康第一"教育思想概述

近年来，"健康第一"的教育思想在体育教学内容的安排、教学方法的选择、教学评价标准的确定等方面得到了进一步的贯彻与落实。目前，我国学校体育的指导思想是"健身育人"。只有将"健身"与"育人"结合起来才能凸显学校体育教育的本质，才能使学校体育课程与其他课程一起系统地、全面地实现学校教育"健康第一"的目标。

现阶段，社会的进步和科技的发展给人类带来了便捷，也改变了人类以往的生活方式，大量的"文明病"不断侵害着人们的健康。在饮食质量提高的基础上，人们的体力活动越来越少，身体机能逐渐衰退，加上在日常生活中过多地摄入动物脂肪、高蛋白和糖类，导致肥胖、冠心病、高血脂等现代"文明病"多发。因此，重视对学生的体育教育、改善学生体质是一个重要的社会课题。高校应将"健康第一"作为体育教学思想，将"寻求健康和享受"作为学校体育改革的目标。

（二）"健康第一"教育思想的基本特点

"健康第一"教育思想具有丰富的内涵，其基本特点主要表现在以下三个方面：

（1）学校教育对青少年来说是非常重要的。学校教育的首要目标是促进学生的健康成长。"健康第一"教育思想认为，学生的身心健康比考试升学更加重要。

（2）真正意义上的健康不只是指生理健康，心理健康也应被重视。"健康第一"是学生身心健康的统一。

（3）学校应该在德育、智育、体育等各方面对学生负责。

### 二、"健康第一"理念下我国高校体育教学中存在的问题

当前，我国高校体育教学仍然普遍沿用老旧的教学理念，"三基型"教学仍然是高校体育课堂的主旋律，"健康第一"的教育思想并未完全得到落实和渗透。体育教学的内容仍停留在简单的运动技术技能教学和身体素质锻炼上，其形式还未摆脱掉"三段式"的教师主体模式。

## （一）重"生理健康"，轻"心理健康"

"健康第一"的教育思想要求学校必须处理好学生生理健康与心理健康、社会适应能力等的关系，实现学生身心健康的内在统一。高校体育教学应致力于培养身心健康、积极向上的人才，而不是培养出身体健康而心理问题重重、与社会格格不入的年轻人。诚然，高校体育教学的目标不可能脱离增强学生体质、提高学生身体健康水平这一目标，但心理健康的重要性同样不容忽视。大学生肩负着国家和时代赋予的使命，任重而道远，如果没有健康的身体和心理作为保障，建设国家未来的能力恐将大打折扣。

## （二）重"技能学习"，轻"理论学习"

当前的高校体育课堂普遍以增强学生体质、传授专项技术技能为主要教学目标，在形式上难免片面地专注于体质锻炼和专项技术技能学习，而忽视了对体育健身理论知识的传授，这往往造成学生对于所学技术技能"知其然而不知其所以然"。如果实践离开了理论的支撑与引导，则很容易流于形式、浮于表层，这非常不利于学生对体育健身知识的学习及课下自发参与体育运动。例如，在讲授某一个技术动作时，体育教师若只是按部就班地讲解示范动作细节，而不告诉学生这个动作的力学、生物学原理，学生就很难对这个动作有深层次的理解。同时，对于大部分学生而言，一些关于健康与健身的基础理论知识，也是很重要的启发与引导，除了在体育课堂上，他们平时很少有机会学到这些理论知识。

## （三）重"教师主导"，轻"学生主体"

对于"教师主导，学生主体"这一体育教学的基本原则，体育教师早已耳熟能详，但要在教学实践中做到这一点实属不易。传统体育课堂的"主角"一直是体育教师，从教学目标的制订到课堂形式的设计，体育教师始终在主导课堂，这本无可厚非，但如果忽视了学生课堂主体的地位，就会出现学生被动学习氛围浓郁、学生参与感过低、学生学习的积极性难以提高等种种问题，这些都会严重制约体育教学的顺利展开与高效实施，学生的学习效率也会大打折扣。学生往往"出工不出力"，敷衍应对课堂学习任务。

## （四）教学模式陈旧，缺乏创新

当前，我国高校的体育教学模式仍然以"三基型""三段型"居多，这些教学模式能够盛行多年，确实有其可取之处，也确实在我国的体育教学实践中发挥了重要作用。但"健康第一"教育思想的指导下，过去以培养竞技体育人才为主要目标的传统教学模式已经暴露出弊端，学生出现心理疾病、上课积极性不足、理论知识太过贫乏、无法融入集体等问题层出不穷。

如果罔顾现实状况，继续沿用陈旧落后的教学模式，那么受损害的必然是教育成果，受影响的必然是学生。

# 三、"健康第一"教育理念下高校体育教学改革的措施

## （一）树立健康教育发展的思想理念

思想引领行动，理念指导实践活动。思想理念是人们从事实践活动的灵魂，是保障实践

目标和效果的根本因素之一。高校体育教学要做到真正为学生全面发展服务，真正让学生得到更好的锻炼和提升，必须做到以下五点：

（1）牢牢把握体育的本质精神，树立起健康教育理念的大旗，以健康教育理念来指导教学，并深入研究教学实际，发现教学中存在的问题。

（2）将教学目标设定、教学形式设计、教学模式选择、教学方法选取等环节与健康教育理念相融合，深入贯彻落实健康教育理念，全面指导体育教学改革。

（3）找出存在的问题，不断优化教学方法和手段，应用各种体现新型教育理念的教学模式，广泛开展各种基于健康发展的教育实践活动，让学生真正爱上体育、享受体育，从体育学习和锻炼中收获更多。

（4）坚持以人为本的教育和服务理念，真正以学生为主体、以学生发展为根本、以促进学生健康成长为目标进行教学实践，积极进行教学改革和创新。

（5）从课程设置、选择和教学目标制订到教学实践，为社会需求和学生终身发展考虑，真正践行健康教育发展理念，做好教学改革和创新。

## （二）重视学生的"身心健康"

对于绝大多数学生而言，大学是其进入社会前的最后一站。在大学阶段，学生除了要学习专业知识技能之外，锻炼身体及磨炼品性同样重要，高校体育课堂对此具有举足轻重的作用。大学生处于二十岁左右的年纪，此阶段正是其生理和心理发展趋于成熟的阶段，也是其性格和社会适应能力大调整的阶段。在此阶段，体育教学强调"身心并重"是有必要的。这就要求高校体育教育在制订教学目标的时候，充分考虑大学生的生理和心理特征，将身体素质、运动技能、心理健康、团队合作意识全部包含其中，并基于此进行实践教学。

## （三）重视理论传授，构建完整的体育知识维度

在高校体育教学实践中，体育教师应根据学生的年龄、性别和认知水平特征，从使学生终身受益的角度考虑，删繁就简，教授一些与学生实际相贴切的健身理论知识，让学生不仅要"知其然"，还要"知其所以然"，这样才能避免体育课堂教学浮于表面，学生才能对所学知识技能有较深层次的理解和掌握，为其平时自主进行体育锻炼提供理论指导和保障。

## （四）改革课堂结构，解放学生天性

传统的体育课堂往往是"三段式"的结构，即"准备部分—基本部分—结束部分"，在讲授环节上也比较固化，常常是"讲解示范—模仿练习—纠正错误—再次练习"这样的组织形式，学生始终处于被动学习的状态，对所学技术动作只是"照葫芦画瓢"。

学生渴望展现自己、证明自己，"灌输式"的教学模式对发挥其主体作用显然是不合适的。高校体育课堂结构改革，应该注重解放学生天性、尊重学生的主体性；在从课程设计到评价的各个环节，都应给予学生足够的个性空间和自主探索空间，让学生有愉快的参与感，充分调动他们的积极性。

## （五）创新教学方法，优化教学组织模式

"健康第一"教育理念下的高校体育教学改革，需要在具体实践中不断改进教学方法，创新教学手段，优化教学组织形式，让学生能够在实践中真正得到有效教育和指导，将健康

教育理念转变成自身的健康行动和效果。高校体育教学应改变传统的以运动技术和技能的提升为中心的教学模式，注重培养学生的体育兴趣、自主学习能力、自我体育发展能力。掌握运动技术和技能能够让学生更好地参与体育锻炼，能够让学生在锻炼中符合一定的标准，但这不是体育教学的根本目的；让学生爱上体育运动，积极主动参与体育运动并从中得到更多乐趣，在运动实践中培养积极乐观、健康阳光的心理品质才是体育教学最根本的目的。为此，高校体育教学需要结合学生的实际，注重对学生体育兴趣的培养，选择有效的教学方法，调动学生参与的积极性和主动性，让学生得到更多的运动体验和快乐，以此来激发学生学习体育的热情，使学生养成良好的体育运动习惯。体育教师在体育教学过程中要多采用启发式教学、诱导式指导、互帮互助式实践练习，让学生提高学习兴趣；选用多媒体教学，确保教学内容更加直观生动，使学生在体育实践中能够获得更多的愉悦感，得到更多的成就感，促进学生身心健康发展。

总之，在"健康第一"教育思想的指导下，高校体育教学改革应着眼于学生的全面发展，摒弃固有的"身体素质好等同于健康"等旧理念，不仅要注重学生的身心健康，培养其积极、科学、健康、文明的生活方式，还要使他们成为身心健全，具有良好的社会能力和合作意识的社会人。同时，高校要重视对学生体育兴趣的培养，引导学生学习体育知识，在提高学生体育知识水平的前提下，使学生树立终身体育的意识。

# 第二节 "终身体育"教育理念下的高校体育教学改革

## 一、"终身体育"教育理念概述

### （一）"终身体育"教育理念的内涵

终身体育从概念上理解是指一个人终身进行体育锻炼并接受体育教育。具体来讲，终身体育包括两个方面的内容：一是指通过对终身体育锻炼的正确理解和认识，形成人的内在需求及强烈的锻炼意识，促使人自愿进行体育锻炼，并逐步形成一种终身体育锻炼的思想。二是指人在整个生命过程中坚持长期进行体育锻炼的行为。人的一生会经历不同的时期，而每个时期都要面对不同的环境，人在理解和认识环境的基础上克服其他制约因素，实现终身体育锻炼。终身体育从时间上来说贯穿一个人的整个人生；从活动内容上来说，运动的项目并非一成不变，人可依据自己的爱好灵活选择；从人员上来说，针对全体公民，尤其是青少年；从教育上来说，为的是提升公民的整体素质，使国家更加繁荣富强。笔者认为，终身体育的最终目的是人们自愿坚持体育锻炼，使身心健康得到发展。

终身体育意识的树立源自人们正确的体育价值观的形成，源自体育习惯的培养。一个人在意识的推动下一旦养成运动习惯，便具有了运动的内在动力。从对终身体育的认识误区来看，部分学校针对终身体育推出了体育艺术"项目"，以学生对某个体育项目的掌握来培养学生的终身体育意识。其理念是好的，但学校受硬件条件和师资力量等方面的制约，在项目的选择上比较固定，基本以学校的设定为准。在情感体验方面，学生不能充分依据自己的兴趣、爱好进行选择；在教学方面，仍然以学生对技能的掌握为主。这种模式不仅不能激发学生的兴趣，反而会引发学生的不满情绪，使学生在大环境下不得不迫使自己去练习，待考试或考核结束后马上停止练习，难以形成体育锻炼的习惯。所学的一两项运动项目不一定能够持续终身，也与学习型社会相悖。终身体育运动具有很强的个性特征，具体涉及身体基本活动能力、运动能力、自我锻炼能力、自我评价能力、适应能力等。在实际教学中，教师应更多地注重对学生体育理论知识、情感体验、运动操作三方面的培养，使学生掌握终身进行体育锻炼的能力，乐于学习体育。体育运动以它独特的魅力融入社会的每个角落，并随着社会的发展，在功能上不断拓展和延伸，为人类更健康、更和谐地生活保驾护航。此外，一个国家全体国民的身体素质影响和决定着这个国家现在乃至未来的发展。身体素质是全体国民素质的基础。所以，要想提高全体国民素质，先要从国民体质入手，即从终身体育锻炼入手，从学校体育入手。

## （二）终身体育的阶段性和具体内容

终身体育按人成长的顺序和接受教育环境的不同分为三个阶段：学前体育、学校体育和社会体育。学前体育主要是儿童在家庭影响和家长帮助下进行的一些简单活动，教育的任务是保育和培育；学校体育是学校和体育教师对学生进行的全面、系统、有目的的教育，其目的是全面发展学生的身体素质；社会体育主要是由社会、单位或家庭组织的体育活动及个人的体育活动，其目的是运用科学的锻炼方法强身健体。终身体育内容分布见表2-1。

表 2-1　终身体育内容分布

| 年龄阶段 | 教育任务 | 受教育者 | 教育环境 | 知识范围 |
|---|---|---|---|---|
| 出生前 | 胎教 | 父母 | 母体内 | 遗传、优生、孕妇须知 |
| 0~2岁 | 培育 | 父母、婴儿 | 婴儿室、家庭 | 育儿知识 |
| 3~6岁 | 培育、保育 | 父母、保育员、幼儿 | 幼儿园、家庭 | 幼儿保育知识 |
| 7~12岁 | 锻炼发育 | 父母、保育员、幼儿 | 小学、家庭 | 小学体育知识 |
| 13~17岁 | 锻炼发育 | 教师、学生 | 中学 | 中学体育知识 |
| 18~25岁 | 锻炼保护 | 教师、学生、青年人 | 大学、社会 | 大学体育知识 |
| 26~60岁 | 锻炼养护 | 社会体育工作者、成年人 | 家庭、社会 | 健身体育知识 |
| 60岁以后 | 养护 | 社会体育工作者、老年人 | 家庭 | 保健体育知识 |

## （三）终身体育的特征

### 1. 连贯性

从时间上看，终身体育的教育理念强调体育教育和体育学习的连贯性。体育教育是伴随人一生的终身教育，是人健康快乐生活的重要组成部分。终身体育的教育理念不局限于学生在校期间的教育活动，更重要的是通过体育教育来培养学生终身体育的能力，使学生掌握体育锻炼的方法，从而终身受益。终身体育的核心在于使体育教育贯穿人的一生，强调体育锻炼的连贯性。因此，体育教师要改变"受到一定学校体育教育之后，所学的体育知识、技术和技能可以受用一生"的传统观念，要以连贯发展、与时俱进的发展观念来看待体育这种文化现象。

### 2. 整合性

从人员上来整合，现代社会健身的需要已不局限于某个个体，而是推广和上升到了整个社会，这不仅提高了社会生产力，而且保证了人体健康，维持了人的正常活动。因此，无论是从人的发展还是从社会的发展来看，终身体育的参与对国民素质的提升都起着重要作用。全民健身的指导思想可视为终身体育教育理念的扩充和完善。只有具有终身体育的意识，养成终身体育锻炼的习惯，才能实现真正意义上的全民健身。从空间上看，终身体育是家庭、学校和社会在空间上的整合。现代社会使体育走出学校、贴近生活，密切联系家庭和社会，终身体育要将它们充分整合，形成良性互动。

### 3. 过程性

终身体育强调的是人的体育习惯的形成，把体育锻炼的过程看作生活中的一部分，在生活中自然而然地进行体育锻炼，而不是强调体育技能的灌输。在体育学习的过程中，教师应尽量把竞争降到最低限度，使每个学生都能发挥其兴趣、爱好，合理运用体育知识进行科学的体育锻炼，把体育和生活紧密联系起来。教师在体育教学的过程中要强调体育对人生的影响，通过多种形式潜移默化地培养学生体育锻炼的意识，使学生不但进行体育运动，而且注重体育学习的过程，在这个过程中学会体育，培养体育锻炼的能力。终身体育强调自我完善和学习的过程，而不过分强调结果。

### 4. 生活性

如今，文明健康的体育运动方式受到越来越多人的青睐，它以自身的特点使体育运动成为人们生活的内在需要，也为社会造就了一种科学、健康、文明的生活方式。终身体育教育让体育更多地贴近现实生活，让体育与学生的内心互通，它以体育与人一生的密切联系为基调，不仅可以有效调动学生学习体育的积极性，而且可以更有效地帮助他们养成体育锻炼的习惯，让学生在掌握体育技术的同时体会运动的乐趣，促进其体育意识和体育行为的发展。终身体育在给人们带来身心健康的同时，更将那些不健康的娱乐方式遏制在人们的生活之外。

## 二、"终身体育"教育理念下高校体育教学存在的主要问题

### （一）学生对体育运动缺乏热情

大学生是高校体育教学的主体，在"终身体育"教育理念下，高校体育教学应充分重视对学生学习兴趣和体育运动习惯的培养。在现有的教育机制下，许多学生对体育运动缺乏热情。在步入大学后，许多学生摒弃了高中阶段良好的作息习惯，体育运动方面的积极性明显不足。受到外部环境的影响，许多大学生早早地放弃了规律的作息时间，将大量时间用于休闲和娱乐，各种类型的聚会层出不穷；部分学生则整天待在宿舍里，不愿出门，参加体育运动的时间十分有限。许多学生并没有意识到身体素质对个人成长的积极作用，在学习体育知识的过程中，将体育视为累赘，没有真正感受到体育独特的魅力与价值。对于教师安排的体育运动，许多学生以敷衍了事的态度完成训练，没有真正投入体育课程学习，这导致个人身体素质受到一定的影响。因此，高校体育教学整体质量有待提升。

### （二）体育教学项目较为枯燥

高校体育是高等教育阶段的一门通识类课程，但在组织体育教学活动时，许多教师采用的教学项目较为单一，通常只是对教材中的体育项目做出了相应的要求，没有真正考虑到学生的身体素质状况，没有基于学生特点来开发体育项目资源。高中阶段的体育教材涉及的体

育项目大多已被学生熟知，学生在接触此类体育项目的过程中容易产生厌倦感；小学和初中等学习阶段已经接触过的体育项目到大学后重新学习，这样的教学项目对学生而言缺乏吸引力。同时，由于体育项目的重复率较高，许多学生体育运动的习惯已经养成，动作难以纠正的问题普遍存在。此外，由于体育教学项目缺乏拓展性，学生的个性化学习需求无法得到充分满足，最终导致高校体育教育的教学活动流于形式，学生在体育活动中无法保持良好的学习状态。

### （三）体育教学手段死板单一

在组织和实施高校体育教学活动时，许多教师采用的教学手段过于死板，学生的学习体验较为单一。许多教师只是将高校体育教学作为一项任务来完成，没有从学生个人素质发展的角度对体育教学模式做出优化，习惯以理论讲解为主，通过示范等多种形式帮助学生掌握动作和技巧。这样的教学形式虽然效率较高，但课堂教学的气氛较为沉闷。在这种教学形式下，学生虽然能够掌握体育运动的相关技巧和要求，但是无法真正培养起对体育的热爱。在这种教育方式的影响下，学生只是敷衍地面对体育学习，没有真正将体育运动拓展至课堂外，长此以往，高校体育教学流于形式，学生的身体素质无法得到有效锻炼，"终身体育"这一教育理念也无法贯彻和落实。

### （四）体育文化教育严重缺失

体育文化是高校体育教学的重要组成部分，体育文化中蕴含深刻的精神内涵，无论是拼搏向前的进取精神，还是团队之间通力协作的集体精神，都有着独特的教育内涵，在培养学生终身体育意识方面有着不可替代的作用。但在现有的教育机制下，许多高校体育教师在开展教学活动时，没有充分认识到体育文化的教育价值，教学过程主要强调实践和锻炼，忽略了体育文化对学生的积极影响。教师将大量时间用于体育运动技能方面的教学，虽然学生在教师的引导下能够逐渐掌握体育运动技术，但无法真正感受到体育文化背后蕴含的深刻的人文价值。在体育文化缺失的情况下，学生只是将体育运动作为锻炼身体的一项活动，而无法真正领悟体育学科的人文内涵。

### （五）体育教学评价缺乏合理性

教学评价是高校体育教学的重要一环，教师的评价标准直接影响学生的学习方向。目前，部分教师在实施教学评价时带有一定的功利性思想，通常只关注学生在体育项目中取得的成绩，而忽略了对学生体育运动态度等的引导，没有将"终身体育"理念与教学评价相结合。在现有的评价机制下，教师通常只是在期末阶段对学生进行特定的体育项目测试，并且以体育测试的结果作为评价学生能力的唯一依据。实际上，不同成长环境的学生身体素质不同，在体育学习方面的表现也不同，如果仅仅以成绩的高低来判断学生体育能力的好坏，很容易让部分学习用功的学生受到打击。此外，受到教师评价的影响，学生容易错误地认为高校体育只需要过线及格并通过考试即可，对自身体育运动能力的培养缺乏重视，无法真正意识到体育对个人成长的重要价值。

### （六）教师团队素质、专业能力有待提升

教师团队素质、专业能力是课堂质量的重要保障。但部分高校的体育教师团队素质、专

业能力有待提升，这成了制约高校体育发展的重要因素。与其他学科相比，体育需要学生具有较强的逻辑思维能力和实践技能，因此教师对学生的恰当引导必不可少。一些教师虽然重视自身对体育技术的分析和研究，却忽略了教导学生了解更多的体育知识，无法令学生学以致用，这不仅严重阻碍了学生的个人成长和发展，也影响了对学生自主学习能力的培养。出现这一现象的主要原因在于教师的教学能力比较有限，教师团队素质、专业能力有待提升，现有的专业质量及水平较低，难以更好地体现高校体育教学的有效性以及针对性。

## 三、"终身体育"教育理念下高校体育教学改革策略

### （一）加强终身体育理论教学

理论作为实践的基础，在实践活动中起着十分重要的指导作用。所以，高校体育教师在实际教学过程中应加强对终身体育相关理论知识的教学，对终身体育的定义、产生与发展等基本理论进行简单的整合与梳理，使学生对终身体育有一个初步的认识，并使学生逐步树立正确的终身体育意识。只有如此，才能使学生真正重视体育运动，从而使他们主动加强体育锻炼。另外，教师还需要进一步加大对终身体育理念的宣传力度，使学生能够充分地认识到终身体育对自己未来发展的意义。除了通过语言的方式宣传之外，体育教师还可以寻找一些相关视频，通过播放视频的方式使学生直观地感受到终身体育对自身健康的重要价值，从而有效增强学生终身体育的意识。总而言之，教师在进行体育教学的过程中要充分融入终身体育理论，这对学生感悟终身体育的重要性有着极大的帮助。

### （二）对体育课程体系设置进行优化

完善的课程体系设置是高校体育教学改革的重要基础和前提。在终身体育教育理念指导下，推动高校体育教学改革，体育教师应当对体育课程体系的设置做出适当的调整和优化，将公共基础课与选修课紧密结合，为学生提供更加丰富多样的学习选择。从公共基础课课程体系设置的角度来看，高校应适当调整体育课在课程体系中的课时量，让学生能够更加全面地接触和学习体育知识，为学生的个人成长提供良好的保障，公共基础课的体育教学项目应做出适当的优化，既要考虑传统的体育项目，也要基于乡土文化开发特色体育项目资源，如将武术等体育项目带到课堂上，让学生能够获得更加全面的学习体验。在开设选修课时，高校应当充分考虑学生的学习需求，倾听学生的学习意见，将学生呼声高的体育项目以选修课的形式进行开设，这样一方面可以满足学生学分方面的要求，另一方面能够供学生自主选择。通过这样的形式，学生能够主动地参与到感兴趣的体育项目中，并且培养起浓厚的体育学习兴趣，为终身体育的有效落实奠定基础。

### （三）创新教学方式、教学手段

目前，我国一些高校的体育教学存在教学方法单一、教学手段单调的问题，这难以使学生提起兴趣，积极地参与到体育锻炼之中。因此，高校的体育教师应当打破传统教学模式的局限，大胆地对教学方法及教学手段进行改革创新，以此来激发学生参与体育锻炼、学习体育知识的积极性，进而达到提高体育教学水平的目的。

首先，积极采用分层教学法。不同学生的思维习惯、学习能力、个性特点、兴趣爱好、个人体质等都是不相同的，但是从目前的情况来看，我国高校大多数体育教师并没有根据学

生的不同情况制订不同的教学方案，仍然在沿用传统的、集中统一的、一视同仁的教学方式和方法，所以教学效果常常不尽如人意。针对这一问题，高校体育教师应将学生按照体育水平、体育兴趣等分成不同层级，并根据每个层级学生的实际情况制订具有针对性的教学方案，使得处于不同层级的学生都能获得相应的进步。

其次，充分利用多媒体进行体育教学，激发学生学习体育理论知识的兴趣。体育教师可以将多媒体技术适当地运用到体育教学中，以生动活泼的视觉、听觉和动画效果带给学生直观、感性的认识，促使学生在学习和实践的过程中对终身体育形成更加深刻的印象，从而逐渐养成规律性的体育锻炼习惯。例如，体育教师可以将体育教学中容易出错或者难度较大的技术动作进行正确演示与讲解示范，并将其整理、制作成多媒体课件，将课件播放给学生观看，以加深学生对体育技术动作的理解与记忆。另外，在实践中，体育教师还需要对学生进行科学指导，与多媒体教学形成互补，这样可以加强和巩固学生的学习效果。总而言之，利用多媒体教学的独特优势，可以使体育教学达到事半功倍的效果：一是可以促使学生对体育知识的学习产生更加浓厚的兴趣；二是可以促使学生形成终身体育的意识，更加自觉、主动地加入体育锻炼的队伍。

再次，采用趣味性的体育教学手段。培养学生学习兴趣是落实终身体育教育理念的重要前提和保障，在组织教学活动时，教师应当采用趣味性的教学手段，以丰富学生的学习体验，让学生能够积极主动地投入体育学习，并且不断巩固体育运动技能，以实现更好的教育效果。教师应当具备较强的组织和协调能力，在教育过程中适当地融入体育游戏，既要考虑学生的体育运动基础，也要关注学生的兴趣爱好，确保体育游戏具有较强的教育价值，让学生感受到体育独特的趣味性。此外，教师还应把握好趣味体育游戏活动的组织形式，既要考虑课堂上的教育价值，也要具备一定的课外探究价值，让学生能够在课外时间进行相应的体育锻炼，以体育游戏的形式丰富学生的课余生活。以经典的"撕名牌"游戏为例，在组织体育教学活动时，教师应当尝试组织这类游戏，锻炼学生的爆发力和团队协作能力，在教育过程中对学生进行简单的分组，并且提前准备好游戏所需的道具，将马克笔、纸条和胶带带到课堂上。在游戏前期的准备环节，学生需要在纸条上写上自己的名字，并且粘贴在背后。游戏通常以小组为单位展开，学生需要通过相互间紧密的配合与交流，将对方背上的名字撕下来，率先将对方名字撕完的小组获胜，并且晋级到下一轮。在参与游戏的过程中，学生既要关注身后的对手，也要时刻提醒队友。通过这样的方式，学生的爆发力和反应能力能够得到有效强化。借助游戏，学生能够真正投入体育活动，并且逐渐养成体育运动的习惯，为终身体育教育理念的有效落实提供保障。

最后，体育教师应该结合教学内容与教学要求，积极组织学生进行不同项目的体育训练与比赛活动，这既可以提高学生的体质水平，又可以加深学生对各个体育项目技能技术的理解。例如，教师可以定期组织学生开展足球比赛、篮球比赛等，通过体育竞赛活动的形式，全面提升学生的运动技能、体育素养与身体素质。

体育教学除了上述方法与手段之外，还有很多其他的方法，如探究式教学法、逆向教学法、合作教学法、翻转课堂教学法等，体育教师应根据实际情况，科学、合理地选择教学方法。体育教师也可以将多种教学方法进行灵活组合并加以运用，实现体育教学效果的最大化。

### (四) 以社团为平台培养学生的运动习惯

大学生是高校体育教学改革中的主体人群，教师在实际教学中只能起到辅助作用，真正的学习和提升还是要靠大学生自己。所以在进行体育教学时，教师要注重引导大学生培养自主学习能力。大学生各方面的发展都处于比较完善的阶段，所以他们更善于接受新鲜的事物，同时具有一定的可塑性。根据每个大学生的情况进行适宜的教学引导既可以达到比较不错的教学效果，也可以相对减轻教师在体育教学中的压力，从而达到提升体育教学效率及质量的目的，更好地促进体育教学改革的实施。

高校体育教学改革不仅体现在课堂上，也应拓展至课堂外。高校体育教师应充分发挥体育社团的作用，以体育社团为平台，为学生提供良好的自我展示空间，确保学生能够丰富课余生活。高校体育教师应发挥自身的优势和特长，在体育教学之余对各体育社团做出指导，通过有效地分工协作，确保每个社团都有专业的教师作为指导。此外，社团活动主要由学生组织，在教育过程中，教师应当做出适当的引导，将体育项目进行细致的划分，确保学生能够保持高度的热情，并且融入传统体育项目，如跳竹竿、太极拳等。这样一来，学生能够根据自己的兴趣爱好选择课外体育活动，并且以社团为平台，让学生进行自我管理，有助于养成终身体育的运动习惯。

### (五) 完善考核评价体系

有研究表明，教学效果的评价方法过于单一和片面已成为高校体育教学中普遍存在的问题，具体表现为过于注重学生的考试成绩。教学效果评价主要是通过分数量化的方式来考核学生的体育成绩，这种单一的评价方法忽略了学生其他方面的发展，不仅会大大降低学生的学习兴趣，也不利于教师全面了解学生的综合水平，最终会阻碍学生的全面发展。在这种情况下，各大高校应结合学校的实际情况，对高校体育教学评价体系进行全面改革和创新。具体而言，就是要从多个维度来考查教师的教学工作和学生的学习效果。只有以此为出发点，建立一个灵活多样且可量化的评价机制，才能在真正意义上客观、综合地对学生的学习效果进行评价。例如，除了将学生的体育考试成绩作为评价指标之外，还可以将学生的学习态度、出勤情况、体育技能水平、体育理论知识掌握情况、进步幅度等作为考核的依据。另外，体育教师在公布体育成绩时，可以采用评级的方式，避免直接公布学生的分数，其主要目的是在保护学生自尊心的同时，不影响他们参与体育学习的积极性。

### (六) 对教师教学能力进行有效培养

教师是高校体育教学活动的组织者，也是学生体育学习生涯的引路人。为了有效落实高校体育教学改革，体育教师必须提高自身教学能力，并积极参与到学校组织的各项教研活动中。从个人素质发展的角度来看，教师需要对自身提出更加严格的要求，在工作之余学习先进的教育理念，掌握多项体育运动技能，从而在教学过程中以专业能力折服学生，以平易近人的姿态感染学生。从高校体育教师师资队伍建设的角度来看，高校应积极组织形式多样的培训活动，围绕终身体育的教育理念的相关教育要求，对体育教师进行专门的培养，让教师具备较强的体育教学能力，并且始终围绕终身体育的教育理念开展体育教学活动。高校可以邀请体育方面的专家和学者到校指导工作，根据本校独特的校情调整和优化教育策略，确保终身体育的教育理念能够始终指导高校体育教学。

终身体育是现阶段体育教学改革当中最主要的教学理念，终身体育可以更好地促进高校学生体质健康的发展，同时促进学生的全面发展。教师要通过实际教学不断地改进教学方案，找到真正适合大学生发展的体育教学方法；要积极培养大学生的体育意识；对于体育教学改革中存在的问题要及时找到应对的方案；要多创新，适应时代的发展，促进终身体育教育理念的发展；通过体育教学改革，及时解决目前大学生体质问题，对每一个大学生负责，以提升大学生整体体质水平，为社会输送更多的优秀人才。

# 第三节 "素质教育"理念下的高校体育教学改革

## 一、"素质教育"理念的基本理论

### (一) 素质的内涵

"素质"，从字面意思来看，"素"是指本色，是组成事物的基本成分；"质"是指事物的性质、本质和质量。现代心理学认为，素质是人本身所具有的生理特点，主要是指神经系统和感觉器官的特点。随着教育的发展和素质研究的逐渐深入，人们开始从教育学的角度来探索素质的内涵。教育学认为，素质是指对人的身心发展长期作用的、相对稳定的、内化的品质和能力。综合以上观点，笔者认为，素质是在生理和心理的基础上，经过后天的教育和社会环境等影响而形成的人的一系列基本品质，它是我们从事社会实践活动所具备的各项能力的综合。

具体来说，素质又可以分为遗传素质、心理素质、社会素质和创新素质等。其中，遗传素质是人先天所具有的，而心理素质、社会素质和创新素质的形成都与人后天的生活环境和教育影响等密不可分。创新素质是素质发展的最高形态，是之前三种素质充分发展的产物。

### (二) 素质教育的基本特点

#### 1. 基础性与发展性

"就本质而言，基础教育可以称为素质教育。"[①] 发展和完善人的基本素质是基础教育的宗旨，可以说基础教育的本质就是素质教育。素质教育具有基础性，这是相对于专业性和定向性来说的。不同于专业素质和职业素质，素质教育注重对学生一般知识和能力的培养，而不是让学生成为某专业领域的行家。我国教育改革的目的是提高全民族的整体素质，而每个人的素质是全民族素质的基础。同时，素质教育具有未来性。教育不但为了实现眼前的升学目标和满足就业需求，而且立足于未来社会的需要。"素质教育"重视对基础知识和基本技能的培养，更注重培养学生的公民素质，从而为学生将来的发展奠定基础，为社会主义的建设培养有用之才。

分析学生现在的学习和发展情况，有利于预测学生未来的发展方向，如果教师根据预测结果来调整对每个学生的教学方法和方案，那么将会促进未来每个学生个性的更大发展。因此，素质教育的基础性和发展性既要求教师培养学生的基本素质，又要求教师教授学生学习

① 燕国材.略论素质教育的几种外部关系 [J].上海教育科研，2001 (6)：11-14，46.

的方法，让学生学会学习、学会生存，培养学生的创新意识和创造能力。

### 2. 主体性与人本性

素质教育注重弘扬人的主体性，以人为本，把学生看作具有主观能动性的完整的人——学生有主体意识和主动精神，有自主学习的能力。素质教育的核心和灵魂是主体性，它的根本意义是促进学生全面发展。马克思认为："人是一切社会实践活动的发动者、组织者和承担者，是认识世界和改造世界的主体。"[①] 主体性是人的本质特征和内在特性，是人区别于其他动物最本质的特征。因此，素质教育具有主体性和人本性。在教育活动中，教师应该引导学生主动学习，激发学生的能动性，促进学生形成健全的人格。马克思主义全面发展学说认为，人的发展是全面的，也是主动的，"人的自由发展是人的一切发展的条件"。[②] 因此，素质教育要求在注重学生的主体性和人本性的同时对学生进行科学的引导——不是完全放纵学生的行为，而是在主体性原则下让学生朝着预期的目标发展，把学生的主体性和教育目标有机地联结起来。

### 3. 整体性与全面性

素质教育是面向全体学生的教育，特别注意学生在身心发展上的差异性和不均衡性。教师在教育教学过程中应根据学生的个体差异找到符合每个学生的教育方式，努力让学生得到最大限度的发展，进而促进学生整体的综合发展。素质教育的整体性体现了学生受教育的基本权利和义务，从立法上保证了学生受教育机会的平等性和受教育权利的公平性。德国古典哲学家黑格尔曾指出：社会和国家的目的在于使一切人类的潜能以及一切个人的能力在一切方面和一切方向都可以得到发展和表现。素质教育的根本目标是促进学生全面发展，既注重整体性又关注个别性，允许学生之间有差别地发展。人是全面发展的人，个体的发展是生理和心理等综合素质的全面发展，不是单纯某一方面的发展。素质教育的全体性体现为面向全体学生，全面性体现为促进学生身心各方面素质的全面发展。

### 4. 开放性与综合性

传统的教学主要以教师、课堂和教材为中心，课堂是学生接受教育的唯一场所，教师和教材是学生学习知识和接收信息的主要来源，这导致了封闭的教育空间和单一的信息来源，学生在分科课程下很难构建综合知识体系；而素质教育注重学生的全面发展，注重开放、多元的教育内容和渠道。素质教育的开放性不单指它的外部流通，素质教育是一个广泛的范畴，涵盖了教育思想、内容、范围、过程和方法的系统性、兼容性和全程性。素质教育的开放性和综合性要求拓展教育教学空间和途径，形成学校、家庭和社会相结合的教育网络，构建学科课程、活动课程和社会课程相结合的课程体系，实现理论知识和实践活动相统一，从单一发展走向综合全面发展。

## 二、高校体育教学中素质教育的内涵

素质教育是为改变应试教育所带来的负面影响而提出的扶正理论，是一种新的教育观

---

① 中共中央马克思恩格斯列宁斯大林著作编译局．马克思恩格斯选集：第一卷［M］．北京：人民出版社，1995：24.

② 中共中央马克思恩格斯列宁斯大林著作编译局．马克思恩格斯选集：第一卷［M］．北京：人民出版社，1995：29.

念。素质是指人的生理、心理的基本属性和在此基础上通过人的社会实践逐渐积累并形成的相对稳定的基本品质。素质教育既是教育的分支，又是科学的指导思想，还是一种教育观念。素质教育是现代社会及经济发展对学校的客观要求，其根本目的是"育人"，使学生更好地实现由自然人向社会人的转变。社会人应具有适应社会、改造社会的全面素质，即思想素质、科学文化素质、身体素质和心理素质。素质教育是提高受教育者素质和培养 21 世纪人才的需要，是现代社会每个人所必需接受的基础教育。苏霍姆林斯基说过，"学校体育就是为健康而奋斗，就是为使我们的学生在身体和精神两方面得到一致地增强而奋斗"。这句话正体现了素质教育的要求。体育教学是学校教育的一个重要组成部分，而体育教学是学校体育的基本组成形式。因此，体育教学也应遵循素质教育的要求，使学生身心都得到健康发展，并能更好地掌握运动技术、技能，体验到运动的乐趣。

高校体育教学中素质教育的内涵包括思想素质、文化素质、能力素质、心理素质和身体素质五个方面的教育。

（1）思想素质教育应贯穿体育教学的全过程，它是培养学生正确的体育价值观，使学生建立正确的价值目标及价值取向，增强学生报效祖国之心，培养学生体育意识和正确的锻炼习惯的关键。

（2）文化素质教育是针对当前学生有知识、无文化的现状提出来的。学生对体育中真善美的健身保健文化知识及奥林匹克"更高、更快、更强、更团结"的精神等还缺乏必要的认识，因此，体育教学在推广体育文化、加强学生文化素质教育方面任重道远。

（3）能力素质教育是体育界多年来反复强调和研究的课题之一。这里说的能力指的是：运用体育知识并结合自身实际来制订科学的运动方案，自觉进行锻炼的能力；运用所学的体质指标评价方法，正确评价自己的锻炼效果，对锻炼过程进行有效控制的能力；运用所学的运动竞赛方面的基本知识，组织小型竞赛活动并担任裁判的能力；运用体育审美知识，塑造形体美、姿态美，欣赏体育比赛的能力。培养学生这些能力，提高他们的求知欲、创造力和自我发展能力是体育教学能力素质培养的首要目标。

（4）心理素质包括兴趣、情绪、个性和意志品质等，是形成和发展人的能力素质的基础。现在的学生大多是独生子女，家庭的宠爱和学习环境的激烈竞争极易使他们产生一些心理障碍。体育教学对纠正学生不良心理倾向、形成和发展学生良好的心理素质具有得天独厚的优势。

（5）提高学生的身体素质是体育教学非常重视的教学目标。从培养"四有"人才考虑，体育教学要注意学生身体水平的差异，以求所有学生都能够均衡发展。

## 三、高校体育教学在素质教育中的作用

### （一）高校体育教学是指导学生提高体育素质的根本途径

体育教学具有明确的教育目的、既定的教学内容和严密的组织体系，它是从小学到大学连续设置的课程之一，因而更具有教学的连续性和实践的层次性。以学生大量身体活动和教师适时知识点拨为特征的高校体育教学，能促进学生身体机能的健康发展，提高学生基本活动能力，帮助学生在实践中掌握科学的锻炼方法。良好的体育素质对学生适应未来快速发展的、多变的社会无疑具有积极作用。体育教学通过提高学生的身体机能、增强学生体质，以科学的方法有计划、有组织地指导学生锻炼身体，促进学生身体全面发展，提高学生社会适

应能力，使学生精力充沛、充满活力，为学生身心的健康发展奠定基础。素质教育是高校体育教学的目标，体育是教育的一环，高校体育教学将素质教育融入体育活动，并将素质教育落实于运动场上，从育人出发，以锻炼身体为手段，促进人的身心发展，强调育体与育人的一致性。由此观之，高校体育教学的最终目的是培养学生能力、发展学生个性、提高学生的全面素质。

### （二）高校体育教学能提高学生综合素质，推进教学改革进程

提高教学质量的根本出路在于深化教学改革，而提高学生综合素质（思想、能力、身体等素质）既是教学改革的实质，也是高校体育教学改革尤为关注和重视的问题。它们既相互联系、互相促进，又相互渗透，是一个有机的整体。就像一台机器，只有各个部件完整，机器才能正常运转。体育教学不仅要向学生传授知识、技术，还要促进学生综合素质的发展。假如一个人有着非常好的能力素质和身体素质，但思想品质恶劣、败坏，那他怎能很好地为建设社会主义服务呢？反之，一个人若思想品质好却口不能讲、身不能做，做什么都无所适从，同样不是一个合格的人才。

### （三）高校体育教学是学生思想道德素质发展的重要载体

高校体育教学有着丰富的思想教育内容和生动的教学活动，学生在体育教学活动中要承受一定的生理负荷，如紧张与轻松、独断与协作等；要克服身体条件与自然条件的困难；要调整人与人之间、人与物之间、人与时空之间的种种关系。这些体育教学活动中的社会文化属性有利于培养和提高学生的集体意识、协作意识、进取意识、创新意识、守法意识等优良的思想道德素质。

### （四）高校体育教学有利于学生审美素质的提高

科学地进行体育锻炼能促进学生塑造健康、健美的身体。学生在体育教学活动中可以直接地感受到力与美的和谐、形体美与心灵美的融合，还能从身体的各种运动中体会到人体的自然美，有利于提高学生的审美能力。

## 四、"素质教育"理念下高校体育教学改革策略

### （一）关注素质教育的发展和施行

在素质教育背景下，高校应该秉承素质教育的理念，全面改革体育教育和相关教学实践，坚持"以人为本"的思想，激发学生参与体育学习的积极性和主动性，让学生主动参与体育活动。高校要对学生进行很好的引导，提高他们的参与度，让体育锻炼内化为他们的生活方式。因此，高校可以着眼于课程内容的开发和课程的科学设计，从而更好地实行和发展素质教育，实现教学目标。高校内部应该营造浓厚的秉承素质教育开展体育教学活动的氛围，在高校体育教学改革中增强素质教育的吸引力和黏合力，促使素质教育在高校体育教学中更好地落实，确保在高校体育教学改革中更好地贯彻素质教育的精神和理念。不仅如此，高校还要以素质教育为主导，更好地推动体育教学改革，深化大学生对体育的认识，为培养全面的复合型人才奠定坚实的基础。

## （二）不断提高高校体育教师的自身素质

素质教育对学校体育教学提出的要求也是对高校体育教师的要求，无论是体育教学观念的更新，还是体育教学内容、教学方法的改革，都取决于体育教师的素质。体育教师是体育活动的组织者，对学生的发展起主导作用。学生的直接感觉对象是体育教师，体育教师对学生的影响是全面的。如果体育教师工作马马虎虎，上课松松垮垮，对学生放任自流，讲课精神不振，就会导致学生对体育产生厌学行为。因此，体育教师应严格要求自己，树立坚定的共产主义信念和强烈的教育事业心。同时，体育教师的一言一行、一举一动时刻都会对学生产生潜移默化的影响。因此，体育教师要以自己的模范作用、表率作用和文明形象感染学生、影响学生，关心、爱护和体贴学生。此外，体育教师生动形象的讲解，准确、熟练、轻松、优美的动作示范，也可激发学生对动作的学习兴趣，使其跃跃欲试。所以，作为体育教师，首先要树立高度的事业心、责任感；其次要端正教学思想，从适应社会需要、培养人才的立场出发，树立以育人为目标的现代教育观、人才观、质量观，树立健身、益智、育德、促美的教育观；最后要有渊博的知识和多种技能。为此，体育教师除了对所任学科的知识要融会贯通外，还要对相关学科的知识有一定的了解，同时要具备较好的语言表达能力和课堂应变能力等。这样，体育教师在执行体育教学任务时就会得心应手，有助于提高教学效果。

高校体育教师还要有科学的政治教育理论基础和高尚的职业道德。首先，体育教师要掌握马克思主义哲学，懂得辩证法，了解党的教育方针、政策和各项法规。其次，体育教师要有明确的工作目标。再次，体育教师要全面掌握现代教学理论，能运用先进的教学理论开展体育教学，进行体育教学改革，全面提高体育教学质量。最后，体育教师要有强烈的事业心和高度的责任感，热爱学生，正确处理各种人际关系，具有较强的组织协调能力和团结协作精神。体育教师从理论到实践要全面地掌握体育教学的各种专业知识、技能、技术，应具有较强的科学研究能力，通过不断的学习和探索，努力掌握最新的体育教学理论知识、技术和技能。

好的教师可培养一批好的学生，而好的学生也能塑造一位好的教师，所以相互学习是必须的。体育教师一般具有强健的体魄、潇洒的肢体语言、气宇轩昂的仪态。在体育教学中，这些都是影响学生学习积极性的主要因素。体育教师幽默的语言、清晰的思路、广博的知识会让学生因崇拜教师而喜欢运动。体育教师生动、活泼、多变的教学方法能吸引学生的注意力、启发学生的思维、激发学生的兴趣爱好。例如，对于篮球的行进间投篮，传统的教学都选择三步上篮，其实篮球比赛中不完全是三步上篮，许多行进间投篮方式都能令对手难以防守，所以不能以固定的教学形式来限制学生，应放开他们的手脚和头脑。

## （三）注重提高体育教学质量

### 1. 面向全体学生

体育教师要认真了解和研究全体学生，使每个学生都能够在时间和空间上得到平等的教育。体育教师可依据学生的身体素质、接受能力、个性差异，隐性、适度地进行分层教学，满足不同层次学生的心理、生理需求，激发学生学习体育的兴趣。在体育教学中，制定教学计划及教学步骤要适宜，要让不同层次的学生始终处于"通过努力能摘到果子"的发展区。体育教师不仅要关心优秀学生，而且要关心后进生，要对每一个学生负责。针对不同类型的学生，体育教师要提出不同的标准、要求：对优秀学生应扩充内容，增加练习难度，提高要求，并对他们进行超前教学；对后进生要进行个别辅导，在练习方法、难度上进行简化，但要增加练习次数，延长时间，给他们以信任和勉励，加倍关心他们的学习进步，哪怕微小的进步也要及时给予表扬和肯定，以使他们获得不断进步的信心，培养并激发他们的自尊心和上进心。体育教师要确立转变一个后进生与培养一个优秀学生同等光荣的思想，使后进生也能达到高校体育大纲的要求，让所有的学生都爱上体育课，爱参加体育锻炼。

## 2. 重视体育教学的全面性

在以往的高校体育教学中，学生获得更多的是体力和技能，而对原理的理解和情感上的成功感、愉悦感体验不足，即学生在"懂、会、乐"这三个体育效应中，"懂"和"乐"是薄弱环节。因此在体育教学中，体育教师必须在"懂"和"乐"上下功夫。体育教师要参考教材，结合学生的身心特点，选择"发现式""问题式"等新颖多变的教学方法和形式，让学生动脑筋，边想边练。学生练好了，也就明白了。"懂"了原理，学生就可以在以后的体育实践中举一反三。体育教材有相对枯燥和相对趣味之分。对枯燥教材内容进行教学时，体育教师运用的教法要力求新颖，使学生乐于学，并在学习中保持强烈的好奇心和旺盛的求知欲。例如，耐久跑是体育课中比较难教的内容，学生感到枯燥、艰苦，不愿学。笔者在教学时，前几次课采用耐久跑与球类运动相结合的教法，让学生在跑动中左右手运篮球，运带篮球 8 分钟或 12 分钟。最后采用目标教学法让学生自己制订目标，笔者根据学生制订的目标将其分成几个组，让其相互竞争、相互鼓励。通过目标教学法教学，学生兴趣高，学习效果好。

高校体育教学中学生最喜欢和教师一同参与运动，因为体育教师有潇洒的技术动作，有专业素质透露出的形象魅力，这些对学生很有吸引力。但教学中许多体育教师很"严肃"，让学生"友好"不得。传统课堂教学过程中，体育教师与学生是服从与被服从的关系，教与学是接受与被接受、执行与被执行的关系。要想改善师生关系，体育教师首先要放下架子，平和自己的心态，建立和学生平等的关系，学会活跃课堂氛围的艺术，多以探讨、询问的语气引导教学，少用生硬的命令语气，这样的教学沟通才容易掌握学生的思想、心理变化以及学生学习过程的信息反馈，以便及时更正教学策略。教学本身就是相互学习的过程，学生最不喜欢体育教师以暴躁、高姿态的气势进行教学，这样的课堂气氛低沉、教学方法呆板、缺少运动的趣味性，而且也不喜欢内容陈旧单调、技术落后、军事化的教学。实践课上，体育教师对体育知识忌长篇大论，避免学生听得云里雾里而忽略了对时间的有效利用。体育课堂同样需要把控教学节奏，体育教师可在学生运动休息的时间精讲要点，穿插幽默笑话，多给学生演讲的机会，让学生把自己理解的技术同大家多多交流，以提高学生的感性和理性认识。

## （四）注重对学生思想品德素质的培养

高校体育教学要注重对学生思想品德素质的培养，其主要内容是教会学生做人、求善、养德，培养学生坚韧不拔的优秀品质。

## 1. 培养学生助人为乐的品德

体育课上，体育教师可以要求体质好的学生帮助体质较差的学生完成教学任务，教育学生在课堂上做好人好事、帮助有困难的同学解决问题，帮助学生树立见义勇为、敢于同坏人坏事做斗争的思想，培养学生为他人服务的意愿和行为，使学生养成助人为乐的高尚品德。

## 2. 培养学生善良正直的品格

高校体育教学应培养学生尊师敬长，爱护体弱者；教育学生做事公正，为人和善；言行一致，文明礼貌；不损人利己，不投机取巧；爱护公物；等等。

## 3. 培养学生合作的精神

高校体育教学要靠师生的合作和学生之间的合作来完成。在体育教学中，只有团结合作，才能凝聚人心，取得好的教学效果。同时，体育教师要教育学生关心集体、热爱集体，为集体争荣誉；教会学生相互尊重、相互理解，善于与同学友好相处；让学生明白，只有生活在合作的集体中才能取得优异成绩。

## 4. 培养学生坚强的意志品质

体育课的学习很苦、很累，要求学生具有吃苦耐劳的精神，具备不怕困难、勇往直前的意志品质。高校体育教学应教育学生做事坚持不懈，培养学生克服困难的意志和毅力；应教育学生对失败挫折要有一定的承受力，培养学生胜不骄、败不馁，顽强拼搏的优良作风。

## 5. 培养学生自我教育的能力

高校体育教学强调发挥学生的主体作用，通过教师讲解与示范教会学生锻炼身体的方法和手段，培养学生良好的自我教育能力，逐步达到让学生自我发展、自我完善的目的。

## 6. 培养学生良好的纪律习惯

体育教师通过开展各项体育游戏或竞赛让学生建立规则意识，培养学生遵纪守法的纪律习惯，提高学生辨别是非的能力。同时体育教师依据不同教材的特点，培养学生的意志品质。陈嘉庚曾指出，"体育运动，为教育中一重要之科学，虽主旨在训练、健身，然对于道德精神关系更为密切，若注重体育而忘道德之现象，深可慨叹者也"。在体育活动中对学生进行思想品德教育常常比在理论课中空洞地说教更有说服力。队列、队形练习可培养学生严明的组织性、纪律性，可将"令行禁止"体现得淋漓尽致；耐久跑可培养学生吃苦耐劳、坚韧不拔的精神；体操项目可培养学生团结互助、互帮互学的作风；球类项目可培养学生的集体主义观念；体育竞赛则更有凝聚力，能使学生空前团结，并培养学生良好的体育道德风尚。所以，高校体育教学对学生思想道德品质的教育更直接，更容易让学生接受并牢记，有利于培养学生健康的思想品质。

## （五）注重对学生体育兴趣和爱好的培养

高校体育教师要高度重视对学生兴趣的培养，并使之贯穿整个教学活动。在指导和组织学生进行体育活动时，体育教师应充分挖掘学生运动的内在潜力和对运动的兴趣，以良好的教学形式、丰富生动的教学内容、灵活多变的教学方法来培养学生的兴趣，并把稳定的兴趣培养为自我锻炼的习惯，使学生学有所得、受益终身。同时，在教学过程中，体育教师应注意加强对体育基本知识的教学，开阔学生视野，教会学生运用知识技能及科学的健身方法增强自我锻炼的能力。

## （六）注重对学生文化科学素质的培养

文化科学素质的培养是指通过基础知识的学习、基本技术的掌握、基本技能的形成，培养学生学会学习、学会创造、学会求真，培养学生求知好学的精神。体育是一门综合性学科，它包含多种文化的内涵。因此，运用体育教学手段不但能增强学生体质，而且能教会学生体育理论知识，使学生掌握锻炼身体的方法、原则，满足学生的求知欲望，使学生学到体育文化知识。

**1. 培养学生的创造力**

在高校体育教学中，体育教师可让学生设计并准备活动内容，如编排徒手操、设计场地、制作体育器材等。这些都能培养学生的创造力和想象力。但学生的创造性活动常常要靠体育教师的启发与引导，所以体育教师的教学方法、手段对培养学生的创造力具有重要的作用。

**2. 对学生进行"三基"教育**

高校体育教学要注重对学生进行"基础知识""基本技术""基本技能"（"三基"）教育，这些是学生分析问题和解决问题的根本保证。体育教师只有在教学中重视对基础知识的传授，让学生掌握体育锻炼的规律性，才能使学生的基本技术得到迅速提高、基本技能得到正常发挥。

**3. 促进学生的智能发展**

田径教学的起跑练习能培养学生的快速反应能力，篮球的投篮能培养学生的准确瞄准能力，排球的扣球能培养学生的判断能力，体操动作能培养学生的时空感觉和运动感觉，等等。所以，学生的智能水平可通过体育锻炼不断得到提高和发展。

**4. 让学生独立动脑，通过自己的理解掌握关键技术**

高校体育教师可运用学生所学的物理、化学、生物等知识来解释动作的原理，使学生的求知欲得到满足，同时培养其灵活运用所学知识的能力。此外，体育教师还可利用室内课加强对学生进行体育保健、自我评价、医务监督以及生理学、心理学、社会学、美学等相关自然科学与社会科学理论的熏陶，使学生加深对体育的认识和理解，提升文化品位，从而更好地促进体育运动的开展。

**（七）注重对学生身体心理素质的培养**

良好的身体心理素质可促进高校学生的正常生长发育，提高学生身体活动机能，使学生养成良好的卫生习惯，培养学生脑体结合、综合使用脑力和体力的能力，把学生身体的心理素质调控在最佳状态。

**1. 培养学生的自理、自护能力**

体育动作的学习，能促进学生正常的生长发育，增强学生体质，提高学生各项身体素质，使学生练就一个强壮的身体，养成良好的生活、卫生习惯，学会自我保护，提高学生自理、自护能力，从而更好地适应时代的发展。

**2. 培养学生自觉健身锻炼的习惯，为终身体育打好基础**

高校体育教学中有很多运动项目能伴随人的一生，如田径中的中长跑项目，球类运动中的篮球、排球、乒乓球等，都可达到健身锻炼的目的。体育教师讲授正确的动作技术和科学的健身方法，可为学生终身体育打下良好的基础。

**3. 对学生进行心理健康教育**

组织教学比赛、游戏活动及考试、运动会等活动，可以培养学生良好的心理调控能力及心理的稳定性和适应性。高校体育教师应向学生讲述健康的心理应达到的标准，对学生进行心理健康教育，使学生经常保持良好的心理状态。

### （八）注重对学生审美艺术素质的培养

#### 1. 培养学生的审美意识和爱好

高校体育教师不仅要讲授动作技术，还要教会学生在动作技术的学习中体会美、创造美、鉴赏美。体育教师要让学生每学一个动作都保持动作美、姿态美、体形美，把美蕴藏在动作之中；要培养学生的审美意识和爱好，让学生亲身体验动作美与表现美的深刻含义。

#### 2. 培养学生的艺术才能和特长

选修体育项目，可以满足学生的要求，发挥学生的特长，培养学生的艺术才能，从而使学生领悟所喜爱的体育项目的艺术内涵。

### （九）注重对学生劳动素质的培养

高校体育教学要让学生学会劳动，在劳动中磨炼意志、锻炼身体，提高学生对劳动技能的认识和理解，从而培养学生的爱岗敬业精神。

#### 1. 培养学生的劳动精神

高校体育教学的过程实现了学生脑力劳动和体力劳动的有机结合。体育锻炼能使学生身体强壮有力，为以后从事各项工作打下良好的身体基础；能使学生明白付出得越多取得的成绩就越好这一道理。

#### 2. 对学生进行劳动技能教育和敬业教育

学习体育动作要有吃苦耐劳的精神，要经得起反复磨炼。而一项劳动技能的掌握，同样需要多次实践。体育教师可教育学生正确对待劳动，使学生养成劳动光荣的思想，培养学生爱岗敬业的思想。

综上所述，在高校体育教学中加强对学生素质的培养是学生全面成才的关键。广大教育工作者要从对教育负责、对国家负责的角度重视和加强这项工作，尤其是体育教育工作者，要结合实际，认真学习教育理论和体育理论知识，重视对学生个性能力的培养，锻炼学生自我生存的能力；要全面把握素质教育的科学内涵，致力于把学生培养成全面发展的 21 世纪人才。这些都是时代赋予我们的重任，也是教育面向 21 世纪的必然要求。

# 第三章　高校体育教学内容改革研究

## 第一节　体育教学内容的基本理论

### 一、体育教学内容的概念

#### （一）体育教学内容的定义

体育教学内容是体育教学目标与体育教学实施的中介，是体育课程内容的一个有机组成部分。从体育课程内容与体育教学内容的关系角度看，体育教学内容主要涉及的是教师在体育教学中"教授行为"的具体内容和学生"学习行为"的具体内容以及二者如何互动的具体内容等。体育教学内容不仅包括体育教学过程中所有"教"与"学"的具体内容，还包括各种"教"与"学"活动的具体组织步骤。因此，体育教学内容就是在体育教学环境下传授给学生的体育与健康基础知识、运动技能和健身方法等体育知识体系，学生所获得的体育与健康生活经验和体育学习经验等"教"与"学"的具体内容，以及"教"与"学"活动的具体组织步骤。

同一般教学内容以及竞技运动内容相比，体育教学内容有所不同。一方面，它区别于语文、数学等一般教育内容。学校体育教学内容在选择和加工上有一定要求，它需要以学校体育教学目标为基础，根据学生发展需要和教学条件来完成，主要是以大肌肉群活动的形式进行教学，以达到提高学生身体素质、运动能力和比赛能力的目的。同时，它是在学校体育教学条件下进行教授的。另一方面，它区别于竞技运动内容。竞技运动不是教学，它更多的是通过竞技达到娱乐和竞赛的目的，而学校体育的主要目的是教学。学校体育教学内容是以学生教育需要为根据，经过改造、组织和加工而成的，而竞技运动内容不需要这样的改造。学校体育教学内容是教育内容的重要组成部分，但在形式上与其他教育内容有较大差异。也正是由于这个原因，学校体育教学内容形成了独特的性质并在教育内容中处于独特位置，但同时其在内容的选择、加工以及教学过程上都变得更加复杂和困难。

#### （二）体育教学内容的意义

体育教学内容最大的意义就是能最大限度地帮助体育目标的实现。在体育教学活动中，体育教学内容是重要的因素，要实现教学目标，体育教学内容是不可或缺的。

一方面，在体育教师进行教学的过程中，体育教学内容是其执行教学方案的直接依据，因此，体育教师必须深入掌握和了解这方面的内容，其工作才算是合格的。同时，随着社会的发展，人们对体育教学的要求不断提高，体育教学内容绝不能一成不变。人的认知能力是有限的，所以，随着时代的发展，体育教师对体育教学内容的钻研必须是持续的。体育教师不断钻研教学内容的过程就是教师自身能力提高的过程。

另一方面，体育教学内容应是在充分研究学生的身心发展特点和已有体育水平的基础上选择和确定的，因此，它应当能对学生身心的进一步发展起到积极的促进作用。这种积极作用的发挥要从理论上的可能性变为现实性，还必须经过体育教师的有效组织和指导，以及学生对教学内容的努力学习和训练。这就要求体育教师必须善于教育学生，善于把国家规定和教师选定的教学内容变成学生实际感知的适合学生自我发展需要的学习内容，从而使体育教师负责的教和学生能动的学统一于完整的教学活动中，使体育教师教有所进，使学生学有所得。因此，科学而合理地选定体育教学内容，有利于学生顺利获得体育知识和技能，锻炼身体，增强体质，形成正确的体育意识和养成良好的行为习惯，并有利于培养学生良好的思想品德，发展学生的个性。

## 二、体育教学内容的特性分析

### （一）体育教学内容的一般教育特点

体育的教学内容是教育内容的一个组成部分，它具有与教育内容共有的特点。这些特点主要表现在以下几个方面。

#### 1. 教育性

体育教学内容是对受教育者进行身体健康教育和心理陶冶教育的参考，当体育教学研究者和内容的组织者将众多的运动项目选为体育教学内容的时候，首先想到的就是这些运动项目本身所具有的教育性。体育教学内容的教育性主要体现在以下几个方面。

（1）有利于学生身心健康

体育教学是通过指导学生身体进行运动和一些竞技性的小组活动，促进学生身心健康发展的一种教学活动。体育运动本身是一种肌肉群的活动。体育运动的开展可以锻炼学生的身体，增强学生的体质；各种小组教学活动和竞技类活动的开展，可以培养学生的综合素质。

（2）对学生成长有积极影响

体育教学内容主要是一些具有深刻影响意义的内容，能矫正学生的心态，培养学生坚强的意志，影响学生价值观的形成，对学生的成长具有积极的影响。

（3）内容的设计具有普遍性

体育教学内容所面对的对象是教学活动中的全体学生，因此，所选择的教学内容具有普遍性。所谓的普遍性就是指教学内容要保证适合大多数人群，这样才能达到教学的统一，有利于教学的开展和顺利进行。

#### 2. 科学性

因为体育教学本身就是一种以学校教育为主要形式而进行的有计划、有组织、有目的的教育活动，所以，体育教学内容也应该与学校教育范畴中的其他教学内容一样，保证具有很强的科学性和严谨性。对体育教学经验和教学内容的研究和分析，可以总结出以下体育教学内容的科学性表现。

（1）保证内容的内涵性

体育教学的对象是广大青少年，体育教学的目标是培养社会所需要的身心健康、全面发展的人才。体育教学内容是对人类文明的反映和表现，体育锻炼具有实践性。体育教学内容是从实践中逐渐总结和积累起来的，具有很强的科学性。

（2）教学内容符合学生的需求

为了保证体育教学内容能够很好地为学生服务，体育教学研究者需要对教学内容进行反复的筛选，使体育教学内容能够符合学生的身体发展需求和社会需求，并且有很高的指导性，以便为教学的过程提供参考和依据。

（3）遵循体育教学的规律和原则

任何一门学科的教学都要遵循其特定的规律和原则，这是保证教学目标顺利实现的基本条件之一。体育教学涉及的内容较多、较为复杂，为了保证教学过程能够向目标要求的方向进行，体育教师在选择教学内容时应该遵循体育教学中特定的科学规律和原则，保证体育教学的科学性。

3．系统性

体育教学是一门繁杂的学科，不但涉及的内容繁多，范围较为宽泛，而且对教学目标要求也较高。因此，在进行教学内容的梳理时，体育教师应根据知识间的系统性进行组织和安排。通过对体育教学内容的研究可以发现，体育教学内容的系统性主要表现在以下两个方面。

（1）体育教学内容本身的系统性

体育教学内容具有复杂性，但知识内容之间又表现出一定的联系性和逻辑性。

（2）体育教学目标的系统性

在体育教学过程中，体育教师需要根据体育教学的特点、学生的成长特点和教学环境等组织教学，这深刻反映了体育教学内在过程和教学内容之间的规律性。体育教师必须根据学生的成长过程系统地、有逻辑地安排各个学校、各个年级的教学内容，并处理好它们之间的相互关系，将体育教学目标贯穿体育教学的始终。

（二）体育教学内容的专属特性

体育教学内容具有很多专属特性，这些特性在体育教学过程中发挥着非常重要的作用。这主要表现在以下几个方面。

1．内容的实践性

体育教学的内容主要是一些具有教育意义的运动项目，并且需要学生肢体的肌肉群共同作用才能完成，因此，实践性是体育教学中的一个较为突出的特点。一般学科是以教师的课堂讲授为主，通过听、说、读、写一系列训练完成教学任务，而体育教学内容仅仅依靠听、说、读、写这些相对静态的方式是无法完成的，需要在特定的场地通过一定的体育运动才能完成。例如，国家规定体育教学目标中应包括对学生的心理健康教育，这种教育也是通过某种体育活动的开展，在体育活动的过程中让学生体会到的。由此可见，体育教学内容具有实践性的特点。

2．内容的娱乐性

体育教学内容的主要来源是体育运动项目，体育运动项目大多具有很强的运动性及竞技性。同时，体育运动项目具有相当的趣味性、娱乐性，所以体育教学内容不可或缺地要有一定程度的趣味性与娱乐性。体育教学内容的学习方式是运动学习以及运动比赛，只有在这一过程中体育教学内容才能得到真正的体现。这些运动之所以具有趣味性和娱乐性，就是源于运动学习和运动比赛过程中存在着诸如竞争、合作、表现欲等一系列的心理过程。这些心理过程能够使学生体会到很多的乐趣，同时，学生对运动的新体验和学习的成就感会加强这种乐趣。除此之外，运动的环境、场地、比赛规则、比赛形式等的变化也能够体现体育教学内容的娱乐性。学生在体育教师的指导下钻研体育教学内容时，动机之一就是对运动乐趣的追求。在追求运动乐趣的过程中，学生会得到一些从别的教学内容中无法习得的体验，从而陶冶情操、愉悦身心。

### 3. 健身性

体育教学的目的之一便是增强学生的体质，保证每一个学生都能拥有健康的体魄。体育教学内容有很大一部分是以肌体的大肌肉群运动为形式的技能传授与练习，很多能为身体带来动能的体育运动都会增加学生身体中的运动负荷。学生在对体育教学内容进行学习和练习的过程中，都能通过肌肉群的运动对肌体进行锻炼。青少年正处于身体发育的关键时期，适当的体育运动能够提高他们的肺活量，激发他们身体内部的潜能，促进其身体成长。

### 4. 人际交流的开放性

体育教学内容的主要形式是集体活动，并在集体的基础上进行运动学习和竞赛。在体育教学的学习、练习和比赛时，学生之间有着非常频繁的交流，所以，相比其他学科的教学内容，体育教学内容在人际交往方面具有更加明显的开放性。体育教学内容正是由于人际交流的开放性，而体现出其对集体精神、竞争精神进行协同培养的独特功能。在教学内容以小组为单位进行时，组内成员必须密切合作。在体育教学内容的学习过程中，学生、教师在角色变化上相较其他学科来说会更多，这都体现了人际交往的开放性。因此，体育教学内容能够促使学生提高社会适应能力。

### 5. 非逻辑性

体育教学内容相比其他学科教学内容不同的地方还体现在：体育教学内容往往不存在一般学科教学内容之间的由易到难、由简到繁的阶梯性结构，在逻辑结构上不存在明显的从基础到高级的体系结构；体育教学内容的排列并不是直线递进式的，而是复合螺旋式的。体育教学内容的组成是众多的相互平行的、可以替代的运动项目以及身体练习，其中有着丰富的体育与健康的理论知识。这种特性使得对体育教学内容的选择灵活性更强。

## 第二节　高校体育教学内容的编排与选择

体育教师在运用体育教学内容的过程中，如果对教学内容编排不合理、对教学内容不加以挑选，那么，教学将会变得杂乱无章，教学质量和教学效率难以得到保证。因此，高校体育教学内容的编排与选择非常重要。

### 一、高校体育教学内容的编排

#### （一）高校体育教学内容的编排逻辑

对于高校体育教学内容的编排，体育教师必须充分考虑不同教学内容之间的逻辑关系。良好的逻辑关系有助于教师很好地开展和组织教学工作，也有助于结合学生的认知规律来安排不同教学内容的顺序，以便于学生更好地接受体育知识与技能。体育教学内容的编排应符合以下三个基本逻辑：

（1）根据教学内容内在逻辑顺序编排。不同的体育教学内容之间存在一定的逻辑关系，体育教师对教学内容的编排应充分认识到学生对各教学内容的认知规律、掌握规律，要由浅入深、由易到难、循序渐进。

（2）根据学生身心发展规律编排教学内容。体育教师应以学生发展为本位，结合学生的身心发展规律和特点来选择和安排相应的体育教学内容。

（3）根据教学目的依次编排教学内容。体育教师应根据教学目标要求，为我所用地编排体育教学内容。

## （二）高校体育教学内容的编排方式

体育教学内容的排列方式直接关系到高校体育教学实施效果，目前主要有以下四种编排方式。

### 1．直线式排列方法

直线式排列，是在体育教学中，将各种不同的体育教学内容按顺序排列，使他们依次在体育教学课程中出现并呈现给学生。

### 2．螺旋式排列方法

螺旋式排列是体育教学内容在各年级反复出现，在体育教学内容的学习程度上，会表现出知识和技能越来越复杂、深入的特点。一般"锻炼身体作用大"的体育教学内容更加适合于"螺旋式排列"法。

### 3．直线式和螺旋式混合排列方法

直线式和螺旋式混合排列方法是对直线式排列方法与螺旋式排列方法的综合运用。

### 4．周期循环排列方法

体育教学内容的编排存在周期循环的现象。对同一教学内容，进行不同学段、不同学年的重复安排就是循环周期现象。这种循环包括以课为周期的循环、以单元和学期为周期的循环、以学年为周期的循环、等等。以跑步为例，第一次体育课要进行一百米跑，下一次课当中仍要进行一百米跑，这就是以课为周期的循环；在一个学期内安排一百米跑，在下一个学期内的课程中仍要安排一百米跑就是以单元和学期为周期的循环；以此类推。根据以上理论，我国体育教学学者根据不同的内容性质将体育教学内容的编排分为：精学类教材——充实螺旋式，简学类教材——充实直线式，介绍类教材——单薄直线式，锻炼类教材——单薄螺旋式。

以上编排方式满足了新课程标准对体育教学内容的要求，并结合体育教学内容的现状，创新地将各个方面的内容合理地编排在体育教学中。所以，在未来很长一段时间内，这种编排方式都将是非常实用的。

## （三）高校体育教学内容的媒介化

传统高校体育教学中，体育教学内容主要是书面教材程序。随着现代科技的发展，教学内容的呈现可以有更多方式。对此，体育教师也应与时俱进，掌握现代教学方法、教学技术。体育教师对体育教学内容的编排不仅限于板书、教案，开始更多地使用多媒体课件、网络音视频课件，这就需要体育教师在教学内容的媒体化编排方面具备专业的教学媒体技术应用能力，以更加科学地编排教学媒体课件，更好地呈现体育教学内容，以便于学生理解和教学活动开展。

## 二、高校体育教学内容的选择

体育教学内容在高校体育教学中非常重要，对整个体育教学活动具有非常大的影响。体育教学内容将教师和学生联系在一起，促进了学生与教师之间的信息交流。体育教学内容对于体育教学方法和教学手段通常起着制约作用，这有助于体育教学目标和课程目标的实现。为了适应时代的需求，体育教师对于体育教学内容的选择必须有一定的依据，遵循一定的原则。

### （一）高校体育教学内容选择的依据

#### 1. 体育课程目标

体育教学内容在实现高校体育课程目标的过程中，是作为手段而不是目的存在的。体育课程目标具有多元性，体育运动项目和身体练习也具备可替代性，这都使体育教学内容的选择变得更加多样化。所以，选择体育教学内容时必须有标准可以依据。

体育课程目标是选择教学内容的重要依据。这是由于体育课程目标在体育课程编制的过程中，在每一个阶段都作为教学内容的先导和方向，经过了多方专家的合理思考和验证。因此，体育教师在选择体育教学内容时，目标是必须要遵循的，相应的体育课程目标对应着相应的体育教学内容。

#### 2. 学生的需要和身心发展规律

体育教师在选择高校体育教学内容时，学生的需要是必须要考虑的。体育教学以促进学生身心发展为目的，体育教师对体育教学内容进行选择的一个必要因素就是学生对体育的需要和兴趣，这对于学习的有效性是非常重要的。学习需要学生的主动参与，学生自身的积极性和努力是必不可少的。学生面对感兴趣的事情，参与的动力就会大大增加，学习效率也将倍增。这非常符合一些教育学者提出的观点：如果学习是被迫的而不是学生出于兴趣进行的，那么，学习在某种意义上来说是无效的。调查结果也非常符合这一说法，那就是如今大学生虽然非常喜欢参与课外体育活动，但对于体育课却兴趣索然，最重要的原因就是体育教学内容缺乏趣味性。

学生对体育教学内容的接受程度取决于其身心发展规律和特点。从这个角度来说，体育教学内容必须使学生可以接受，并且感兴趣。学生的特点决定着体育教学内容中的各项要素。

#### 3. 社会发展的需要

学生的个体发展无法脱离社会的发展。高校体育教学要能够在健康方面为学生打下良好的基础。体育教师在进行体育教学内容的选择时，除了考虑学生本身的需求，社会现实发展的需求也必须被考虑进去；在选择体育教学内容时不能忽视学生走入社会后的发展所必需的体育素质，所以体育教学内容必须能够满足学生在社会发展中各方面的需要。除此之外，体育教学内容必须做到与社会生活和学生生活联系在一起，这样才能让学生体会到它的作用。体育教学内容的选择与社会实际相符是非常重要的。

#### 4. 体育教学素材的特性

选择高校体育教学内容最重要的依据就是体育教学素材。体育教学素材的第一个特性就是没有非常强的内在逻辑关系。这种特性使得体育教学内容的选择无法完全按照难易程度和学生素质来进行。体育教学内容往往只是以运动项目来划分的，各个体育教学内容之间的关系是平行和并列的，如篮球和足球、体操和武术。表面上看似有联系，但这种联系并不是非常清晰，而且没有先后顺序，所以在这里是无法确定教学内容内部的规定性和顺序性的。

体育教学素材的第二个特性是具有"一项多能"和"多项一能"的特点。"一项多能"是指通过一个运动项目能够达到非常多的体育目的。以健美操为例，有人利用这个项目来锻炼身体，有人利用这个项目进行娱乐，同时这个项目有表演的作用。在很多情况下，进行健美操运动往往能实现多个功能。这就是说，学生掌握了一项运动之后，能够实现多种目的。"多项一能"则突出了体育教学内容间可以相互替代。例如，进行投掷练习时，可以选择扔沙袋、掷垒球、推铅球等。要想通过体育运动得到娱乐放松，可以踢足球、打排球。打篮球、打网球也可以实现这一目的。这就是说，想达到目的并非只能依靠一个项目，不同的项目也能够达到相同的目的。正是由于这个特性的存在，体育教学内容中没有不可或缺的项目，体育教学内容也并不具备强烈的规定性。

体育教学素材的第三个特性是拥有庞大的数量。庞大的数量使得其内容相当庞杂，并且在归类上存在一定难度。人类文明自诞生以来，创造出的体育运动项目数不胜数，这些运动技能的习得对于练习者的身体素质有着各种各样的要求。鉴于这个原因，没有哪个体育教师能够精通所有体育项目，体育课程的设计者也就很难寻找到最合理的运动组合并将其运用到体育教学内容中，也几乎不可能编写出适合所有地区和所有教学条件的教材。

体育教学素材的第四个特性是运动项目的趣味性各不相同。例如，对于篮球和足球，其趣味性表现为在激烈的直接对抗中，队员通过娴熟的技术和精妙的战术配合而得分。再如，在隔网运动中，其趣味性则表现为双方队员通过在各自的场地上的巧妙配合将球击到对方场地而得分。各项体育运动都有独特的趣味性，这使得在选择体育教学内容时趣味性成了无法忽略的因素，这也是快乐体育理论存在的事实依据，这一理论在体育改革进程中发挥着关键影响。

## （二）高校体育教学内容选择的七结合原则

### 1. 高校体育教学内容与健身性结合

高校体育教学内容要符合学生的生理、心理特点，具有增强体质、改善机能、愉悦身心的功能。将体育教学内容与健身性结合，就是要根据学生的健身需要，以增进学生的整体健康为主要目标。通过体育的健身功能，学生获得丰富的知识技能、强健的体魄和良好的思想品质。因此，选择有助于促进学生健康的内容、方法和对不同阶段学生的身心健康发展具有积极意义的教学内容是体育教师应该考虑的。例如，体育教师可以对田径、体操、球类、武术等运动项目进行适当的改造与创新，如简化规则、简化技术、降低难度等；也可以引入一些学生喜爱的新兴运动项目，如健美、攀岩、现代舞等；还可以挑选、整理一些民族、民间的体育活动项目。

### 2. 高校体育教学内容与科学性结合

将高校体育教学内容与科学性结合，就是体育教学内容既要符合不同阶段学生的身心发展特点，有效促进学生的生长和发育，又要符合安全性，还应该关注学生的个体差异，即选择和设计体育教学内容时要考虑学生的个体差异，给学生留有充分的余地，使学生在参与体育活动的过程中能够平等受益。例如，学生在水平四阶段学习篮球项目，体育教师应考虑到学生在体能和技能方面的差异，可以同时采用大、小篮球进行课堂教学（体能和技能较差的学生可以使用小篮球），这有助于他们进行有效的学习。

### 3. 高校体育教学内容与可行性结合

将高校体育教学内容与可行性结合，就是选择适合在本学校开展的运动项目或具有地方或学校特色的项目。例如，本学校自编或选编的校本教材中的项目既有健美操、素质操、现代舞等，又有民间、少数民族盛行的项目，如跳绳、拔河、武术、滚铁环、抽陀螺、放风筝、斗鸡等。这既可以使学生了解中国民间、民族的传统体育文化，增强学生的民族感和自豪感，又可以激发和保持学生参与体育活动的兴趣，从而提高学生的健康水平。

### 4. 高校体育教学内容与兴趣性结合

将高校体育教学内容与兴趣性结合，就是选择学生喜欢的、感兴趣的并能终身发展的教学内容。学生是否对教学内容有兴趣应从他们的角度来考虑。学生对教学内容一旦产生了浓厚的兴趣，便会激发出强烈的求知欲，从而自觉地去学习，逐渐养成对运动的爱好和坚持自主锻炼的习惯，形成终身体育的意识。学生对过于简单、复杂、难度大的内容都会感到兴趣索然，体育教师可以通过创造性地改变教学形式来激发学生的兴趣。例如，对于学生兴趣相对不强的竞技性田径项目，体育教师可以利用丰富多样的教学手段与教学方法将这些教学内容教"活"，使学生喜欢参与这些运动项目，从而达成学习目标。

### 5. 高校体育教学内容与实效性结合

将高校体育教学内容与实效性结合，就是选择的教学内容对促进学生的身心健康有效。如果某项技术对学生来说要求太高，学习难度较大，和生活联系不紧密，就说明其不具备较高的实效性。例如，推铅球是一种发展力量的教学内容，但应用效果很差。体育教师可以选择实效性强、学生有兴趣的掷实心球、投垒球、"打雪仗"游戏等来帮助学生发展上肢力量。再如，背越式跳高的技术动作过于复杂，学习这一技术的实效性很难体现，体育教师可以将其作为介绍性内容进行教学，以便有兴趣的学生在课外练习，但没有必要要求每个学生都学习或掌握这些技术。

### 6. 高校体育教学内容与简易性结合

将高校体育教学内容与简易性结合，就是要因地制宜地选择一些比较简单易行的教学内容，以便在体育设施简陋或体育器材不足的情况下满足学生学习和参与体育活动的需要。体育教师通过对一些运动项目进行改造，如简化规则、简化技战术、降低难度要求等；通过替代内容，如打羽毛球、扔沙包、打保龄球，甚至投掷废报纸团、废布团练习上肢力量等，均可以达到学习的目的，进而促进学生身心健康的发展。

### 7. 高校体育教学内容与发展性结合

将高校体育教学内容与发展性结合，就是选择对学生树立终身体育意识具有重要影响的基础知识、基本技能和活动内容，有利于学生学会学习。体育教师可以引导学生对不同的学习内容进行价值判断和选择，培养学生自我设计、自我锻炼、自我评价的能力，使学生的身体、心理、社会适应能力等健康、和谐地发展。例如，基于如何应用科学的方法参加体育锻炼、如何制订锻炼计划与运动处方、球类运动的编排方法有哪些等问题的教学，可以让每一个学生掌握一至两项科学的健身方法和运动技能，坚持开展下去，可以为学生终身体育锻炼打下坚实的基础。

### （三）高校体育教学内容的选择方法

高校体育教学内容选择的总体方法是依据体育课程目标和教学大纲（或教科书）规定的内容，遵循选择内容的原则，从学校、教师和学生的实际需要出发，根据教学内容的分类，确定教学内容的比重，对教学内容进行加工、处理、组合排列，制订合理、有效、可操作的学期和单元计划。

（1）教学内容和教学方法不能混淆

由于体育教学内容是以身体练习的形式体现的，有时教学内容和教学方法的界限不是很明显。当前在体育教学中，把教学方法当作教学内容的现象很普遍。教学内容必须有要领、有目标、有重点和有难度，而方法是为内容服务的，是实现目标的手段。

（2）竞技项目教材化的选择方法

对于正规、高难度的竞技运动项目，体育教师并不是按照竞技比赛的规则和竞技技术的要求去选择，而是通过降低器械高度、减轻器材质量、缩小场地、简化技术和规则等方法对其进行处理，使其成为适合学生、符合学校条件、适合教师教学能力、适合教学目标需要、实用而有趣味的教学内容。

（3）体育游戏内容的选择方法

游戏深受青少年学生的喜爱，是体育教学的重要内容。游戏在每个人的成长过程中有着不可估量的作用。在选择和创编体育游戏内容时，体育教师要注意以下几个方面：第一，游戏的内容要富有健身性、教育性、趣味性和创造性。第二，不要为了游戏而游戏。游戏的价值不在于游戏本身，而在于课程目标的实现。第三，以身体锻炼为主要形式，而不是以思维活动为主要形式，要在身体活动中发展思维。第四，要注重游戏过程，在过程中传授知识、强身健体、接受教育、学会合作、体验乐趣，理解人与自然、人与人、人与社会的关系。第五，游戏既是内容又可以作为方法。将动作技能融在游戏中的游戏，是一个很好的内容和方法，具有明显的教学效果。第六，要重视游戏规则。体育教师要注意在游戏过程中培养学生遵守纪律、遵守规则、诚实守信的品质。第七，拓宽思路。体育教师要充分利用游戏的素材资源，创编新的游戏内容。

（4）身体锻炼内容的选择方法

身体锻炼内容是教学的基本内容之一，是按照运动训练的原理，根据学生身体全面发展的原则选用的教学内容。选用时既可以作为教学内容的辅助练习手段，又可以组合成身体锻炼的循环练习，还可以根据学生不同的身体锻炼需要，组成运动处方进行锻炼和教学。

（5）以完整教学法为主，以分解教学法为辅

鉴于学生动作技能处于基础学习阶段，又受学习时间的限制，体育教师在选择教学内容时应以完整的教学内容为主，不要过多地强调动作的分解与细节，如让学生在跑步中学会跑步，在打球中学会打球。过多地进行投掷的最后用力、肩上屈肘和高抬腿、小步跑的练习，会使原本自然的投掷和跑的动作变得僵硬，这不但无助于完整动作的练习，有时还会产生负面效果。

# 第三节　高校体育教学内容的资源开发

## 一、高校体育教学内容资源开发的依据

### （一）贯彻"健康第一"的指导思想

高校体育教学内容的资源开发，必须贯彻"健康第一"的指导思想。也就是说，任何一个教学内容的开发和利用及价值的取舍，都取决于它对促进学生健康成长的效果和作用。

### （二）具备科学内涵

高校体育教学内容的资源开发，必须关注教材内容的知识与技能含量及系统性；必须突出学科教材的教育特性；必须符合学生认知、实践操作能力的适应性，以保持教材内容的科学性；必须舍弃华而不实的内容，防止教育低能化倾向。

## 二、高校体育教学内容资源开发的原则

高校体育教学内容资源开发的原则是指在高校体育教学内容资源开发的过程中，制约着开发活动的价值准则，是人们根据对内容资源开发过程的规律性认识而制定的用于指导内容资源开发的基本要求。

### （一）适宜性原则

适宜性原则是指高校体育教学内容资源开发必须坚持从学校实际出发，坚持"以学生发展为本"的价值取向，适于不同学段、不同水平学生的身心特点。

### （二）特色性原则

高校体育教学内容资源开发的特色要求课程体现区域体育特色、学校体育特色两方面。

### （三）健康性原则

健康性原则是指开发高校体育教学内容资源时，开发者应将所开发的体育校本课程是否有利于学生的健康发展放在首位。

### （四）安全性原则

安全性原则是指高校体育教学内容资源开发时，开发者应考虑到运动项目本身的安全因素。

## 三、高校体育教学内容资源开发的渠道与对策

### （一）高校体育教学内容资源开发的主要渠道

#### 1. 现有体育运动项目的改造

这里所说的体育运动项目，主要是指竞技运动项目。竞技运动项目以其独特的人体极限

运动的竞争性、超越自我的挑战性、技战术运用的艺术性成为当代体育文化的首页，备受世界人民的关注。奥运火炬的风采，世界杯的热浪，令亿万人兴奋、疯狂、陶醉。它的影响跨越了时空，超越了国界，老少皆知。这就是竞技体育运动项目巨大的无形资产。长期以来，它始终占据着高校体育教学内容的主导地位。

传统教育教学将竞技运动项目移植到学校课堂，在项目分类（如体操分为技巧、单杠、双杠、支撑跳跃等）、技战术要求（如对动作要领的描述）、竞赛规则和相应的教学方法手段等诸多方面都保持着浓厚的竞技色彩，但它与学校的客观条件、学生的实际水平和能力差异甚大，这是一个不容忽视的事实。

体育教师应充分利用竞技运动项目体育文化影响的丰富资源，适应和满足大学生的实际需要，根据学生的年龄和身心发展的特征，加强对运动项目的教材化改造——简化竞赛规则，降低技战术难度，改造场地器材设备，等等。

2. 新兴运动项目的引用

新兴运动项目是伴随着时代的发展而诞生的。以休闲、娱乐、健身为目的的运动项目，如健美、攀岩、轮滑、滑板、现代舞等，因为具有十分浓厚的时代气息，深受青年的喜爱。根据地方、学校的实际条件，开发和利用这些资源，对充实、拓展高校体育教学内容，活跃、丰富学生体育活动会产生积极的促进作用。

3. 民族、民间传统体育资源的开发

我国是统一的多民族国家，民族体育文化源远流长，各民族在长期的生活及社会活动中，有许多具有民族特色的体育活动。例如，蒙古族的摔跤，藏族的歌舞，维吾尔族的舞蹈，朝鲜族的荡秋千，锡伯族的射箭，彝族的射弩，白族的跳山羊，以及汉族的跳绳、踢毽子、抖空竹、舞龙、舞狮、腰鼓等。对于民族、民间传统体育活动项目的开发，体育教材必须充分挖掘其文化、知识、技能的内涵，经过加工整理，使其更具教育性，更显体育特色。

4. 体育校本课程的研究

体育校本课程的研究是高校体育教学内容资源开发的一个重点课题，它可能是传统教学内容的延伸，也可能是新兴运动项目的推广，还可能是民族、民间体育活动的普及。无论是哪种类型和种类，它都必须具备特色。体育校本课程的研究包括内容、课程结构、课程计划等诸多方面。体育校本课程的开发与研究应能体现学校的体育传统，是新一轮课程改革赋予我们每一位体育教师的新使命。

## （二）高校体育教学内容资源开发的具体对策

首先，把握和正确认识"以学生发展为本"的高校体育教学内容资源开发的价值取向，不仅有利于学生的身体健康，还有利于学生的心理健康和社会适应能力的发展。争取学校领导对体育与健康课程的教学内容资源开发工作的支持，为体育与健康课程的教学内容资源开发提供一定的条件保障。

其次，充分发挥体育管理人员、骨干示范教师在体育与健康课程的教学内容资源开发中的领军作用；树立体育教师的课程意识，提高体育教师的体育与健康课程的教学内容资源开发的能力。

最后，发挥学生在体育与健康课程的教学内容资源开发中的主体作用，加强体育与健康课程的教学内容资源开发后的利用，对现有的传统竞技体育课程内容进行改造。

# 第四章　高校体育教学方法改革研究

## 第一节　体育教学方法概述

### 一、体育教学方法的概念与组成要素

#### （一）体育教学方法的概念

教学方法是师生为实现课堂教学目标和完成教学任务而采用的教学活动的总称，它是一种行为或操作体系，包含教师的"教"和学生的"学"两个层面。体育教学方法就是实施体育教学活动所用的手段和方法的总和，可以从以下几个方面来理解体育教学方法的概念。

1. 体育教学方法是"教"与"学"的统一

体育教学方法体现了"教"与"学"的统一，只有通过师生间的双向互动，体育教学方法的价值与作用才可以更好地发挥出来。在体育教学活动中，教师和学生都是以主体的角色发挥作用的。教师在体育教学中选用的具体的教学方法和手段都是以学生为主要对象的，教师和学生之间的关系极为密切。只有在师生的双向互动中，体育教学任务和目标才能顺利实现。教和学两方面的内容贯穿体育教学方法实施的整个过程。

2. 体育教学方法是师生动作和行为的总和

体育教学方法的贯彻与实施是在师生互动中实现的，体育教学方法是师生行为动作总和的体系。体育教学方法与其他科目的教学方法的不同之处主要在于，体育教学方法不仅对教学语言要素较为重视，还更加强调动作要素。在体育教学过程中，学生掌握各种动作都离不开教师的讲解、示范与纠正，学生只有在此基础上重复进行练习，才能准确且熟练地掌握相应的技术动作。所以说，体育教学方法是教师和学生双方动作和行为的总和。

3. 体育教学方法和教学目标不可分割

所有的体育教学方法都具有目标性，如果没有明确的目标，体育教学方法的存在就毫无意义，其作用也就无法发挥。体育教学方法与体育教学目标之间具有密切的联系，体育教学方法的选择与实施主要就是为实现体育教学目标和任务而服务的。体育教学方法和体育教学目标之间具有不可分割性，如果强行将两者割裂，体育教学方法就失去了明确的方向，在具体的运用中就会表现出一定的盲目性；如果体育教学方法没有在体育教学目标与任务中贯彻实施，那么，体育教学目标与任务也将无法顺利实现与完成。

4. 体育教学方法的功能具有多样性

现代体育教学不仅注重学生对动作和技术的掌握及学生身体素质的增强，更加注重学生的全面发展。因此，体育教学方法的功能也具有多样性，多功能的体育教学方法不仅能够在一定程度上促进学生运动能力的增强，还能够促进学生思想道德品质、心理素质等方面的发

展，这对于学生的全面发展具有积极意义。

### （二）体育教学方法的组成要素

组成体育教学方法的要素有很多，主要包括以下几个。

#### 1. 目标要素

体育教学方法必须有一个指向的教育目标。教育目标是体育教育的基础，没有教育目标也就没有教学方法可言，教学方法主要是为教学目标而服务的。

#### 2. 语言要素

语言要素包括多种形式的语言，如口头语言、肢体语言等。

#### 3. 动作要素

动作要素包括身体的各种运动动作。体育是以人的身体训练为手段的活动，所以身体训练是必不可少的。这是体育区别于德育、智育的主要特点。

#### 4. 环境要素

环境要素除了包括学校的地理位置、气候、风土等自然现象之外，还包括配合教学活动而采用的体育器材与场地设施。

## 二、体育教学方法的特点与分类

### （一）体育教学方法的特点

#### 1. 双边互动性

任何一种体育教学方法都是教师指导学生学习的双边活动的方法，是由教师的教和学生的学组合而成的。具体来说，在体育教学方法的实施过程中，教师教的方法对学生学的方法具有一定的制约性影响，学生学的方法也会对教师教的方法产生影响。所以，师生在体育教学中相互联系、相互作用和相互统一的特点在体育教学方法中有着充分的体现，不能错误地将体育教学方法理解为教师教的方法与学生学的方法的简单相加。

#### 2. 多感官参与性

在体育教学过程中，所有参与者都必须将自身的各种感觉器官充分调动起来。在教学活动中，教师和学生不仅要通过视觉、听觉来接收信息，还要在中枢神经系统的指挥下，运用身体的触觉、位觉、动觉等来进行动作的示范和练习，在做正确动作时，通过本体感觉来对机体动作的用力大小、运动方向、动作幅度等进行感知，以对正确的动作定式进行体会，从而对机体的完成动作进行更加有效的控制。这些都充分体现了体育教学方法的多感官参与性。

#### 3. 感知、思维和练习的组合性

在体育教学活动中，学生需要动员多种感官来接收教师发出的信息，这是由体育教学目标和教学程序共同决定的。学生利用大脑皮层对教学信息进行接收，并经过大脑的分析、加工和处理后以指令的形式对人体进行指挥，从而使人体顺利完成相应的动作。在这个过程中，学生需要充分发挥感知、思维的作用，并不断进行练习。感知是学习的基础，思维是学习的核心，练习是学习的结果。体育教学方法将感知、思维和练习三个环节紧密结合在一

起，将体育教学过程的认识与实践、心理与身体有机结合的特点充分体现了出来。

4．运动与休息的交替性

在体育教学活动中，个体的身体活动和心理活动之间有着非常紧密的联系。学生通过感知动作及思考、记忆、分析等心理活动对动作技术和运动技能进行掌握。在教学过程中，学生的生理和心理难免会承受一定的负荷，当这种负荷持续不断地作用于学生后，学生必然产生运动性疲劳。运动性疲劳会使学生的学习兴趣和学习效率降低。所以，体育教师要对体育教学方法进行合理的选择，对运动锻炼的间歇时间做出合理的安排，要做好运动与休息的科学调配，唯有劳逸结合才能提高教学效率。

5．历史继承性

体育教学方法具有历史继承性。在长期的体育教学实践中，人们为了提高教学实效性，对教学方法的探讨与研究非常重视，并且积累了较为丰富且宝贵的实践经验。有些教学方法是体育教学的客观规律在一定程度上的反映，至今仍具有广泛的影响力，值得我们对其进行认真的总结与整理，并对其合理的部分进行借鉴。任何新的体育教学方法必然是借鉴多方面传统教学方法的结果，并在新的历史条件下被赋予新的内容，从而具有更新的意义与更显著的价值。

（二）体育教学方法的分类

当前，体育教学方法的分类方法越来越多，而且越分越细。划分依据不同，体育教学方法的类别自然也就不同，具体见表 4-1。

表 4-1　体育教学方法的分类

| 划分依据 | 类别 |
|---|---|
| 体育教学方法的本质特征 | 教育学中的一般方法 |
| | 教育学中的特殊方法 |
| 体育教学目标 | 传授理论知识的方法 |
| | 技能教学的方法 |
| | 锻炼的方法 |
| | 教育的方法 |
| 教学活动中获得信息的性质和功能特征 | 基本信息的手段和方法 |
| | 辅助信息的手段和方法 |
| 师生双边活动 | 讲授法 |
| | 学习法（包括练法） |
| 教学活动中获得信息的主要途径及其来源 | 语言法 |
| | 直观法 |
| | 练习法 |

# 第二节　高校体育教学方法的选用与改革策略

## 一、高校体育教学方法的合理选择

### （一）高校体育教学方法合理选择的参考依据

#### 1. 依据体育教学目标进行选择

体育教学目标具有多层次性的特征，具体体现在身体发展目标、知识发展目标、技能发展目标、社会发展目标、情感发展目标等方面。为了促进这些不同层次的教学目标的实现，体育教师应采用不同的教学方法。在高校体育教学中，教学目标并不是孤立的，而是多种目标的综合。在教学过程中，体育教师应以具体的课堂教学目标为依据，对重点发展某一方面的教学方法进行合理选择。体育教学总目标是通过一个个课时教学目标的逐步实现而最终实现的。课时教学目标具有一定的指导性，包含着丰富的内容，既有运动技能和运动理论方面的内容，也有心理和品质品格方面的内容。针对这些不同内容的教学目标，体育教师应选择与之相适应的科学的教学方法来进行具体的教学。

#### 2. 依据体育教学内容进行选择

体育教学内容与教学方法之间联系密切，针对不同的体育教学内容，体育教师应采用不同的教学方法。例如：对于理论方面的内容，适合采用语言教学法；对于实践方面的内容，适合采用直观示范教学法。由此可见，教学方法的选择受不同性质的体育教学内容的影响。同种教学方法运用于不同教学内容中会产生不同的效果。在高校体育教学过程中，体育教师应注意对教学方法的灵活选择。

#### 3. 依据教师的自身条件进行选择

作为体育教学方法的实施者，体育教师自身的素质对于教学效果与质量具有直接的且非常重要的影响。如果体育教师自身的能力和素质水平较低，则其难以将体育教学方法应有的作用很好地发挥出来，从而影响教学活动的顺利进行。因此，高校体育教师在选择相应的教学活动时，应对自身的专业素养、能力水平、教法特点有一个客观的认识。

一般而言，体育教师需要熟练掌握众多教学方法，这样才可以从自身及学生的实际情况出发，选择最佳的教学方法。不同的体育教师根据学生的实际状况采取同样的教学方法，也会得到不同的教学效果，可见体育教师的自身条件极大地影响着体育教学活动。因此，体育教师要有意识地提高自身的素质，优化自己的教学风格，对更多的教学方法加以尝试并熟练运用。

#### 4. 依据学生的实际情况进行选择

在高校体育教学过程中，教学方法的实施主要以学生为对象，更好地促进学生的学习是运用各种不同教学方法的最终目的。因此，体育教学方法应与学生特点及其实际情况（年龄特点、性别特征、身心发育状况及相应的知识储备和学习能力等）相符合。

#### 5. 依据体育教学的物质条件进行选择

在高校体育教学活动中，体育教学物质条件对教学方法的选用有很大的影响。学校的体育教学器材、场地、设施等都属于教学条件的范畴。如果学校拥有全面且先进的教学条件，那么，体育教学方法的功能与作用就可以得到良好的发挥。相反，如果教学条件落后且不全面，则会直接影响体育教学方法的作用与价值的充分发挥。例如，在背越式跳高的教学中，采用海绵块练习的效果要优于采用沙坑练习，主要是因为海绵块相对干净、比较安全，学生在海绵上练习不会有很大的心理负担，而且神经系统的兴奋性会处于较高的水平；在体育馆内进行体育教学，能够避免受周围环境的影响，能够促进体育教学方法使用效果的提高；现代化体育教学手段的充分运用，能够使教师动作示范中的某些缺陷得到有效的弥补，从而促进体育教学质量的提高。体育教师在选择教学方法时，要充分考虑体育教学物质条件。

6. 依据不同体育教学方法的功能与适用条件进行选择

不同的体育教学方法拥有不同的特点、功能、适用条件与范围，而且不同的体育教学方法各有优点与不足。在高校体育教学活动中，各要素组合的合理性对体育教学方法的作用与价值的充分发挥具有非常重要的影响。有时，一种教学方法可能适合在某个体育项目的教学中使用，而且效果良好，但并不适宜在其他项目的教学中使用，甚至会制约教学活动的顺利开展。同样的道理，对于某一教学内容，有些教学方法是合理且能够产生正效应的，而有些教学方法则会产生相反的作用。

例如，谈话法是对新知识进行传授的主要方法，这一方法使用的前提与基础是教学对象已有知识与心理方面的准备，如果没有做好准备，采用这一方法就不会达到预期的教学效果。讲授法能够将大量的系统知识在短期内传授给学生，有利于体育教师主导性的发挥。然而，学生的主动性与创新性在这一方法的运用中是难以得到充分发挥的。因此，体育教师在对教学方法进行选择时，对于不同教学方法的功能、应用范围和条件等，一定要进行认真的考虑与分析。

## （二）高校体育教学方法合理选择的注意事项

### 1. 加强师生之间的协调与配合

在高校体育教学过程中，为了实现预期的教学目标，教师和学生必须进行默契的配合。在体育教学活动中，没有"教"的"学"和没有"学"的"教"都是不存在的。因此，无论采用何种教学方法，都应考虑"如何教"和"如何学"。

传统体育教学，单纯以体育教师为中心，选用的教学方法也只对体育教师"如何教"的问题比较重视，而直接忽略了学生在教学过程中的作用。例如，体育教师在示范动作时，只重视动作的优美性和协调性，而没有考虑学生的感受，从而使得学生的学习效果不佳，最终影响教学质量。因此，高校体育教师在选择体育教学方法时应注意考虑师生双方的默契配合，避免两者脱节。

### 2. 加强不同学习阶段的前后配合

不同的学习阶段会有不同的学习特点。高校体育教师在选择体育教学方法时应对学生学习知识的不同阶段的前后配合予以考虑。例如，在学生的动作学习过程中，体育教师应注重指导学生从"模仿型"向"创造型"过渡，并实现二者的有机结合。

学生的学习过程也是对学习内容不断了解与掌握的过程。在初步学习阶段，学生的学习往往以模仿（模仿教师或他人）学习为主，之后学生就会形成动作定式而完全摆脱模仿，从"模仿型"过渡到"创造型"。这两个阶段之间既具有一定的联系，又相互区别。因此，高校体育教师在对教学方法进行选用时，应有意识地使二者之间的互相代替、割裂得到有效避免。

### 3. 加强学生内部与外部活动的配合

学生的学习过程是内部活动和外部活动的统一。学生的心理活动及相应的生理生化反应等属于内部活动，学生的动作质量、情绪、注意力等属于外部活动。

体育教师在选择相应的体育教学方法时，应注重学生内部活动与外部活动之间的配合。体育教师应善于分析学生的内外活动变化，有机结合指导学生外部活动的体育教学方法与激发学生内部活动的体育教学方法，以使学生自觉地进行体育学习。

在高校体育教学方法的选择过程中，体育教师还应该对多种教学方法进行对比与分析，从而确定最佳的教学方法。此外，对于不同的教学方法适用于哪些教学内容、可以解决什么教学问题、能够对什么教学对象起到积极作用等，都是体育教师需要考虑的问题。

## 二、高校体育教学方法改革的动因与策略

### (一) 高校体育教学方法改革的动因

#### 1. 学习方法的改变

随着互联网技术、移动终端技术的快速普及，信息交流瞬息万变，获取知识的途径由书本延伸至互联网平台与移动终端，由室内转移到室外，传播媒介众多，形式多样。"地球村"随时随地都在进行信息的零距离交换，信息发散与互动已成为人们的生活常态。由此演变的移动化自适应性学习，逐渐成为网络技术环境下成长起来的"数字一代"的主要学习方法。学习者不再拘泥于学校，甚至扩展到世界各地。这种新的学习方法对传统知识、技能教学产生一定的冲击。为了适应新形势下的教学需要，寻求新的教学方法已成为高校教学改革的动力。

#### 2. 创新课程的崛起

现代社会在信息化、国际化方面不断发展，互联网课程层出不穷，如学教互换的"翻转课堂"、移动客户端的"微课程"视频以及国际上很流行的"慕课"（Massive Open Online Course）。以 Coursera 平台的在线课程发展为例，该平台已有几百所大学加盟，几百门课程上线，平均每门课程注册用户达几万人。"慕课"的崛起，在现代大学教育中"开创了信息时代学习的新时空、课程的新天地"。来自"爱课堂"网站的百所大学优质在线课程，助推了我国"慕课"时代的快速发展：一方面，现代教育搭乘了信息时代背景下快速发展的列车；另一方面，其透露出传统教学方法将迎来信息时代的冲击和挑战。教育由教师传授型变为学生需求和选择型，这标志着教育的主导地位发生了颠覆性的变化，学生真正成为教育教学的主体。在现有的教育管理制度框架下，课堂内容的选择性、柔韧性、适应性及考核办法将发生质的变化。在信息技术条件下，高校系列体育实践"慕课"课程将迅速诞生，线上学习和学分制度近在朝夕。

#### 3. 多媒体教学技术的变迁

互联网技术不断创新与发展，带动了教学媒介的不断更新。体育教学媒介由单一的身传口授演变为视频图像、项目任务、团队协作的多元化形式。传统体育教学方法的言传身教、人与人之间的互动交流演变为"人与媒介""人—媒介—人"或"媒介与人"的多模态。同

时，利用信息平台进行技术交流，同一组合动作以不同风格进行展示具有不同的效果，学生可以选择更具有表现力的内容进行学习。高校学生可以借助网络平台搜寻较多的"慕课"课程，如舞蹈类、球类和健身类等课程。现代教学媒介或教学媒体已经不仅仅是信息的传播手段，更是教学元素、教学组成的一部分，同时改变着原有的教学工具和教学方法。教师在教学过程中采用传统的教学方法已不适应学生的需求。例如，在网球界有一套简易的 SIMI 动作分析系统，具有动作对比与回放功能，能够高效地指导教学，可见高校体育的教学方法越来越科技化。

### 4. 应用型办学的引领

体育具有实践性特点。在大变革背景下，国家战略需求是不断改善国民身体素质，发挥体育的教育功能是应用型办学的重要体现。但是，仅凭单一的教学方法远远解决不了当下学生的体质问题，要借助网络平台融合体育资源，多管齐下，以满足学生的不同需求。大学阶段是培养学生恰当使用信息技术的成熟期，学生具有价值取向的判断力。教学方法应引领受教育者利用"慕课"资源和在线技术，在信息交流中实现由知识传授型向知识学习型的转变，从动机的角度实现终身体育意识的培养；要重视对信息化学习工具的搜索、开发与互动及基于实践运动基础上的线上经验交流。例如，某网站上的趣味热身操、专项热身操互动平台，集"百家"之所长，趋向于趣味性、互动性，避免了枯燥乏味。

## （二）高校体育教学方法改革的策略

互联网移动终端技术、在线课堂学习已成为社会生活的"新业态"。体育教学方法的变革不是对传统体育教学的否定，而是对传统体育教学的继承和发展。高校通过体育教学方法的重构，融合现代技术与体育，借助课堂平台和公众平台，搭建信息化教学与传统教学的桥梁，可以实现运动技术技能从传授型向学习型转变，实现资源终身共享，开创终身体育锻炼课堂的先河，充分实现高校体育服务社会的功能。

### 1. 变革体育教学组织形式

知识技能的"权威性""先知性"已被打破，正所谓"弟子不必不如师"。在高校体育教学过程中，体育教师的根本作用不再是单纯传授知识技能，而是激发学生自主学习的潜能，激发其参与的热情，提升其解决问题的能力，打造其团队协作的意识，最终引领其成为具有完整人格的对社会有用之人。体育教学的功能不同于文化课教学，体育是形成完整人格必不可少的要素。坚韧不拔、锲而不舍、永不放弃、团结协作、核心领导和懂规矩的优良品质，只有通过体育的形式才能生动体现。

### 2. 创建模块化主题式教学资源

高校结合体育课程目标，以问题为导向，设置不同项目、不同主题的模块化课程，并在校园网设置模块化课程窗口。以大学体育篮球项目为例，体育教师围绕球性练习，设置持球、原地、行进间、对抗四个维度，借助信息化平台，将任务分发给班级内每个团队和成员，通知其即将挑战的内容。学生根据自身需要，查阅相关图书资料、视频资料，通过请教高年级同学，利用"传、带、帮"实现信息资源的获取，亲力亲为，动手操作。模块化课程遵循教学逻辑和教学规律，能够不断拓宽学生的视野和认识领域，实现学生参与的主体地位。

### 3.搭建项目学习小组

"没有最优秀的个人，只有最优秀的团队。"在具体的高校体育教学中，体育教师应搭建以学生为主体的项目小组，分设小组长，将班级分为若干个小组单元，强调团队合作意识、组织意识，注重培养学生过程实施的策划能力、讲解能力、应变能力。体育教师作为协助者，应对预设的课程内容把好关，帮扶教学小团队在班级中完成项目实施和挑战，让实施团队对教学内容"内化于心，外化于行"，放宽权限，以挖掘潜在的课程资源，创新教学组织，分解任务，分组循环。

### 4.建设素材型课程资源

开放的素材型课程资源是指没有通过教学加工和非教案内的少量课程。素材型课程的优势在于学生具有充分的自主性、创造性，丰富的课程资源能够满足学生不同的需求。体育的本质是身体的发展和教育，身体的发展依托不同的运动项目并通过坚持不懈的运动来实现。身体的教育不仅依托运动的外在形式，还要"嫁接"在一定的文化背景上。新素材型课堂的情境导入，可以丰富学生对运动项目的认知，强化趣味性，深化内涵，在课堂中不断注入"新血液"，形成多信息交换的互动平台。

### 5.创新体育学习的活动方法

高校体育教学方法变革的核心是调动学生的自主性、独立性和能动性，通过不同项目设计不同类型的学习任务，以挑战项目为导向，创造需求型课堂资源，引导学生开展深度探究式学习，以不同运动项目为主题的课堂需要学生课前查阅资料、查询信息，促进学生自律性学习习惯的养成。电子终端移动技术的发展已经和每个人密不可分，亲力亲为是获取第一手资料的有效途径。体育教师设置问题导向，借助现代科技手段，架起课堂和学习的桥梁，学生在责任和使命的驱使下，在体育教师课下线上的互动下，精准实现课堂目标并完成教学任务。

## 第三节　高校体育教学中逆向教学法的应用

### 一、逆向教学法概述

#### (一)逆向教学法的定义

逆向教学法是指教师根据教学目标，设置教学任务，并且让学生知晓教学目标与教学安排，让学生提前预习知识内容。在课堂教学中，教师将学生分成合作小组，让学生发挥主观能动性，展示自身体育运动水平，并且依据学生体育水平的不同，为学生布置难度不一的体育内容，以此满足不同层次学生的学习需要。逆向教学法的运用，能够确保每一名学生都能够参与到体育教学活动中。教师根据学生体育表现情况，发现学生存在的问题，加以引导，采取以学生带学生的教学方法，使体育水平高的学生教体育水平中等的学生，使学生在相互交流、相互促进中，共同取得进步，最终完成教学目标。

#### (二)逆向教学法的特点

第一，逆向教学法将重点内容或者运动技巧放在了第一位。这些内容从第一节课到最后一节课都会不断被提及和练习，大大提高了学生学习某项运动技巧的次数，延长了学生的学习时间。

第二，逆向教学法成功满足了学生的好奇心和求知欲。它将最终成果先展示在学生面前，极大地满足了学生的求知欲望，激发了学生的学习兴致。

第三，逆向教学法有效关注到了不同技术和技巧之间的衔接与连贯，能够帮助学生更好地掌握技术动作。体育教师也可以通过逆向教学法了解到学生之间的个体差异，进而为分层教学和针对性教学提供良好的依据。

## 二、逆向教学法在高校体育教学中应用的本质分析

### （一）从学生的需要出发，实现素质教育目标

在我国教育改革的影响下，各种新型的教学方法不断涌现，逆向教学法便是在这样的背景下产生的。逆向教学法重视学生的需要，从学生的实际需要出发，而不是传统教学法以社会的需要为导向。所以，逆向教学法的应用在学生群体中颇受欢迎。逆向教学法让高校体育教学更具针对性，更加符合学生的实际发展需要，也能够全面提升学生的综合素质和实践能力，更好地实现素质教育的根本目标，顺应时代的发展潮流，促进我国教育改革的不断落实与实践。

### （二）从学生的需要出发，培养学生个性化的品质

当今时代是一个个性化的时代，私人定制的服务和产品更受市场欢迎。因此，人才的个性化培养也是非常重要的。从学生的需要出发，培养个性化的人才，成为高校教育的基本人才培养目标之一，也是我国教育改革的客观要求。同质化人才一直都是我国教育体系中不可逾越的难题，提高人才的个性化，让人才培养趋利避害，更加符合人才的标准，更有利于为国家培养优秀合格的人才。逆向教学法更加注重针对性教学，从人才的实际状况和需要出发，培养学生的个性化品质。

## 三、高校体育教学中逆向教学法的应用策略

### （一）制定有针对性的教学内容，不断改进更新教学方法

逆向教学法在高校体育教学中的应用目的在于促进高校培养个性化的人才。因此，我们要在教学内容和教学方法上进行改进和更新，全面推进高校体育人才的培养。首先，要制定有针对性的教学内容，根据学生的实际状况，制定符合学生实际发展需要的体育项目，让学生获得适合自己发展的途径。其次，教学方法要不断改进更新，采用新型的教学方法，以研究性学习为主，尊重学生的主体地位，培养学生自主学习的习惯。教师在教学过程中主要起引导作用，改变传统教学的习惯，调动学生的主动性和积极性，培养学生良好的学习习惯，促进高校体育教学水平的提升。

### （二）关注学生的兴趣，满足学生的个性化需要

逆向教学法属于兴趣教学的一种具体实践方法，更加关注学生的兴趣，从学生兴趣出发，以全新的教学方式和教学方法开展体育教学。首先，逆向教学法的应用在于教师要充分

了解学生的实际状况和兴趣所在，根据学生的兴趣开展针对性教学，实现逆向教学的根本含义。其次，逆向教学的优势在于充分考量学生各方面的情况，并针对其中存在的问题给予合理的解决，关注学生喜欢的运动，在体育课堂中开展有针对性的训练，以教师为主导，提高学生参与体育运动的兴趣，从而更好地促进高校体育教学的发展。

### （三）纵向评价学生，给予学生学习的信心

逆向教学法的应用还在于要全面评价学生的情况，纵向开展学生评价，改变以往唯成绩论的情况，尤其是在高校体育教学中，体育教师要根据学生的课堂表现进行评价，而不是单纯地利用成绩评价学生。学生在体育训练中对训练的态度及其课堂表现，都能成为评价学生的标准。体育教师通过逆向教学，开展更加科学公平的评价，能够有效培养学生对于体育课堂的兴趣，满足学生学习的成就感与自信心，更好地促进学生的全面发展，实现高校体育教学质量的提升。

综上所述，逆向教学法作为一项新型的教学方法，应用于高校体育课堂中，能够有效提升体育课堂的教学效果。高校体育课堂也可以通过开展更有针对性的体育项目，让学生对体育课堂产生兴趣，从而更加热爱体育锻炼和体育项目，有利于深入挖掘学生的体育潜能，为国家和社会培养更加优秀的体育人才。

# 第四节　高校体育教学中体验式教学的应用

## 一、体验式教学概述

### （一）体验式教学的含义

体验式教学是指教师根据学生的认知特点和规律，通过创造实际的或重复经历的情境和机会，呈现、再现或还原教学内容，使学生在亲身经历的过程中凭借自己的情感、直觉、灵性等去感受、体味、领悟，并产生情感、建构知识、生成意义、发展能力的教学观或教学方法。从这个定义可以看出，人们主要把体验式教学看作一种新型的课堂教学方法或学习方法，并且将体验式教学与具体的课程相结合，探讨各类课程的体验式教学方法与策略。

体验式教学在教学过程中强调以学生在学习过程中的情感体验为主，在此基础上实现教学目标。为了实现体验式教学，教育工作者需要从学生的实际需求出发，设计、创造、引入与教学内容和教学目标相符合的学习场景或氛围，让学生通过实践、经历、模拟等形式获得更深层次的思想与情感，从而更好地理解所学知识的本质，在头脑和心灵中被同化并接纳。在这一过程中，学生的生理、头脑和心理各个部分都获得了协调合作的机会，从而促进学生身心的综合发展。与传统的"灌输"教学法不同，体验式教学有了本质的改变，其注重的主要是学生知识技能的提高和良好学习态度的养成。体验式教学的主角不再是教师，而是学生自己，教师只是教学活动的引导者，学生在教师的引导下进行探索式学习，独立地思考和自主地判断，通过对看到、听到、想到的内容进行感悟和消化，最终理解并熟练掌握、应用。

### （二）体验式教学的特征

体验式教学的特征体现在体验的过程、教学的方法及体验所要实现的目标三个方面，具

体表现如下。

### 1. 体验过程注重情境与氛围

促进学生发展是教学的出发点和归宿，"在体验中发展"正是对体验式教学精髓的高度概括，是体验式教学的基础和切入点。体验式教学重视体验的独特价值，强调体验在人的发展中的作用。对学生来说，无论是思维、智力的发展，还是情感、态度与价值观的形成，都是通过主体与客体的相互作用实现的，而主客体相互作用的中介正是学生的体验。唯有体验才能实现潜在发展可能性向现实发展确定性的转化。为此，体验式教学的关键就是要创造出各种情境和条件，让学生作为主体去体验，并在体验中完成学习对象和自我的双向构建，最大限度地获得身体和心灵的解放，最终实现学生的主动发展。

### 2. 体验是教学的途径与方法

体验式教学具有亲历性、个体性、趣味性和创造性等特点。实践是人类发展的源泉和动力，对成长中的学生具有重要意义，学生实践的过程就是体验的过程。所以，教学总是与学生的体验同时进行，教学不可避免地在学生的体验中展开，学生的经历成了教学的起点，学生的经验成了教学的背景。这就必然要求教学以体验为主要途径，教学程序的安排和组织实施必须以学生的主动体验为中心。因此，体验式教学的实质就是把体验作为学生学习和发展的基本途径，借助体验这一学习方式来真正确立学生在教学过程中的主体地位，使学生享有更充分的思想和行为自由，拥有更多的发展、选择机会，使学习主体化、主动化。

### 3. 体验是为了实现教学目标与获得结果

学生品质中最重要的是价值观、态度、情感、人格及责任心等，这些品质的培养都是在体验过程中实现的。实现的程度与水平取决于学生在体验过程中的选择与发展机会。因此，体验的价值往往并不在于体验过程中获得的某种有形知识，而在于容易被人们忽视的过程本身。体验式教学将科学实验目标蕴含于体验过程之中，不只看重学生获得知识的对与错这些有形的结果，更关注学生体验的态度与情感等，关注体验过程本身对于学生态度与行为方式的价值，即体验式教学更加注重学习过程的主体性体验之于生命成长的意义，注重为完美人格的养成提供更多机会、更大空间。

## 二、高校体育教学中引入体验式教学的意义

在高校体育教学中引入体验式教学能够推动体育教学更加积极、顺利地开展，促进体育教育的深化与发展。高校体育教育应注重学生综合能力的提升，促进学生体育素质的提高。体验式教学能够让学生在真实的体验中明确体育教学的重要性，使学生转变以往错误的观念，真正从内心接受体育教学，提高体育教学的地位，展现出它的教育优势。体验式教学更加科学、合理，能够与学生开展互动，适应学生自身的特点。因此，在高校体育教学中应用体验式教学有利于激发学生的体育学习兴趣，使学生积极主动地配合教师，师生共同完成体育教学任务，促进体育教学水平的提升。体验式教学在高校体育教学中的应用还能够为体育教学的开展营造良好的环境氛围，使教学环境与体育职业的环境更加贴近，能够使体育教学更加规范、流畅，提高教学的实效性。教师教学规范性的实现可以凸显体育教育的严谨性，从而获得学生的认可，促进高校体育教学水平的提升。

体验式教学在高校体育教学中运用的意义如下。

## （一）体验式教学扩展了高校体育的教学方法

当前，我国大多数高校开展的体育运动项目基本上以球类和田径类教育为主，其授课方式也是固定的：教师向学生讲解相关体育安全知识和基本运动规则，学生在进行体育锻炼时发现问题，教师针对学生发现的问题进行讲解并给予指导，学生按照教师设定的考试要求学习固定的体育内容，期末完成相关的体育考试。一成不变的体育教学方法不利于体育教育的发展，体验式教法作为一种新的教学方法，对我国高校的体育教育发展有着巨大的影响。体验式教学还需要经过体育教师和学生的实践与完善，这样才能在更大程度上提升体育教育的教学效率，促进体育教学整体水平的提升。体验式教学在提升体育教学水平的同时拓宽了体育教学的思路，教师在组织学生参加实践的过程中完成了整个教学，学生也在实践中学习了相关体育知识。从教学的形式上来讲，体验式教学法丰富了体育教育的教学方式，拓宽了体育教育的发展道路。

## （二）激发了学生参加体育锻炼的兴趣

培养学习兴趣是提升学习效果最好的途径。在传统的体育教学方法中，学生按照学校安排的课程去完成体育项目，按照学校的要求去上固定的体育课程。在大学中，虽然学生可以根据自己的意愿去选择体育课程，但是很多体育项目是学生在步入大学之前就已经学习过的，这导致学生的学习兴趣降低。体验式教学更多的是让学生真正地参与体育知识学习，去亲身参加一些户外运动，如攀岩、野外生存训练等。户外体育活动项目在我国高校中还没有得到普及，学生群体中参加过体验式活动的人数量有限，因此，学生会觉得体验式教学比较新奇，容易引起学习兴趣。长期以来，学生一直在固定的室内和体育场学习体育项目，相比之下，他们会更喜欢尝试户外体验式学习方式，更愿意去追寻户外体验式体育教学带来的刺激和真实的体验感受。将体验式教学引入高校体育教学，能在很大程度上激发学生的学习兴趣，并帮助学生获得良好的学习效果。

## （三）有利于培养学生的精神品格和促进学生心理健康成长

体验式教学扩大了学习的范围，使学习不再局限于课堂，将学习的过程深入到学生实践的整个过程中，扩大了教育的领域。体验式教学强调学生的主体参与性，强调学生在教学中的主导地位，让学生在体验中获得感受、在实践中对知识进行探索，以此加强对学生探索精神和批判总结精神的培养。学生直接参与学习探索所带来的感受是传统的教学方法无法比拟的，学生对通过亲身实践学到的知识记忆更加深刻。体验式教学法为学生营造出一种愉快轻松的学习氛围，调动了学生学习的积极性，使学生积极地参与学习的整个过程。体验式教学冲破了传统教学方法的束缚，在不违背教学原则的情况下使学生的自主性得到最大限度的发挥，在让学生完成学习目标的同时为学生进行丰富课外活动创造了更多机会，学生在丰富的课外活动中进行交流，使自我价值得到了最大限度的体现，并且世界观得到了完善。在体验式教学中，学生会遇到各种各样的困难，学生的毅力和克服困难的精神会得到锻炼，这有利于学生形成良好的品格。体验式教学为学生与外界接触和学生之间的相互交流创造了很多条件，能够帮助学生认识世界，进而促进其身心健康发展。

## （四）有利于提升学生的综合能力

体验式教学在高校体育教学中的运用能够坚持其引导性和体验性的基本原则，并辅之以符合学生身心发展特点的组内合作和组外合作等体验方法，确保每个学生都有充分的体验、探究、讨论与反思的机会，能让学生在体验学习中逐渐掌握质疑、探疑和解疑的技巧。长期坚持必能够最大限度地提升学生自身的创新、实践、协作等能力，有助于学生综合能力的不断提升。体验是一位良师，它能把知识转化为技巧与行动，也能有效地推动团队学习。体验式教学通过让学生参与、体验实践活动或游戏来体会团队的力量，让学生逐渐意识到个体与团队是紧密相连的，只有大家齐心协力，共同去努力、配合，才能把事情更好地完成，也能在不知不觉中培养学生的团队合作能力，提升学生的综合能力。体验式教学还可以使学生感受到集体的温暖和力量，在体验的过程中获得成就感，懂得如何与别人相处、如何去解决问题，有利于培养学生的责任心和执行力，为学生以后的学习、生活、实习、就业奠定基础。

## （五）提高了教学效果

体验式教学能为学生营造良好的体育教学氛围，更好地激发学生学习的热情，教学质量及效率自然会得到提升。体验式教学的整个过程都是带着问题进行的，学生通过行动、实践去寻找答案，经过亲身感受来检验学到的概念和理论知识。每个学生都是通过亲身体验来掌握和提高所学技术及能力的。正因如此，体验式教学才能够进一步优化和完善传统的高校体育教学。

# 三、高校体育教学中体验式教学的应用策略

## （一）科学制订学习目标，注重培养学生的独立意识

体验式教学并非绝对的"放飞自我"，而是让学生在户外活动中感受体育精神、掌握体育技能。这就要求高校体育教师除了拥有过硬的知识储备外，还应具备将需要教授的知识巧妙地融入策划活动的能力，让学生在活动中思考、提问、学习和成长。要做到这一点，教师就要明确每一阶段、每一节课程的教学目标，并做出合理的规划。例如，当讲授野外生存相关课程时，教师可以先让学生在课堂上发言，阐释他们能想到的注意事项，然后，教师将他们的想法整理、分类，并做好去野外尝试的准备。在这一过程中，教师起到的应是引导的作用，使学生的自主意识得到充分发挥。在实际的野外生存过程中，如果学生的准备有纰漏，教师可以进行补救，并在休息的时候适时地进行总结，对相关知识进行详解以加深其印象；如果学生通过自己的准备顺利完成了任务，教师在最后总结时就应表示赞赏并着重表扬表现突出的学生。体验式教学理念的最终目标是培养学生解决问题的能力，这也是它和传统教育的主要区别。因此，教师在传授课程前不妨先向学生提出课程相关的问题，由学生自行查阅并研究解决。这一过程中教师的作用被隐藏，学生的自主学习能力被有效地释放和培养。在实际教学中，教师需对学生无法理解的知识进行深入的阐释，并让其在接下来的体验活动中进行实践，解决体验活动中遇到的问题。这样既能加深学生对知识的认识，又能大大提高学生学以致用的能力，帮助学生真正掌握知识。

## （二）整合和优化教育资源，为体验式教学创造条件

体育教育资源是优化教学形式、内容和提升高校体育教学效果的根本保障。在传统体育教学法下，体育教师缺乏对开发和利用教育资源、加强体育教学创新的重视，导致体育教学效果并不理想。但随着体验式教学的应用，体育教师开始重视整合和优化教学资源，不断为深入性的体育教学创造条件。

首先，高校应提高对体育教学的重视，加大对体育教学人力、物力、财力的投入。一方面，完善教学基础设备，优化体育教学场地；另一方面，重新调整体育课程内容，合理安排体育课程时间。学校通过丰富体育项目、保证体育器械应用的基本需求，使学生能够依据自身的喜好选择运动项目进行学习。

其次，高校要构建"理论实践一体化"的教学环境，进一步提高体验式教学法的价值效用。既不能只讲理论不实践，又不能只实践不讲理论。学校通过利用多媒体技术手段，丰富体育教学的形式和内容，激发学生的学习兴趣，并为探究体育知识和实践体育技能提供资源支持与保障，从而践行相关的体育教学理念。

最后，高校要注重壮大体育教师队伍，加强对体验式教学的研究。学校通过将体育与教育相结合，充分认识体育教学功能，不断让体育教师发挥自身效用，从而为学生深入学习体育知识和技能奠定坚实的基础。

## （三）营造良好的体育情境，让学生在体验中提升能力

开展体验式体育活动的宗旨在于从身体、思想、精神的层面推进学生素质能力的发展。要想提升学生参与体育活动的积极性，就必须将激发学生体育兴趣和培养学生体育意识作为教学的出发点。高校体育教师通过创设良好的体育教学情境、优化学习知识和实践技能的氛围让学生在体验中收获更多的启迪。

首先，高校体育教师要充分利用先进的信息技术，打造真实的教学情境，将知识、技能、经验等要素融入情境，促进学生在潜移默化中提升运动能力。例如，体育教师在教篮球相关的知识时，可以播放一些篮球比赛视频。体育教师从学生喜欢的篮球运动员切入教学，使学生在观看视频的同时掌握篮球运动的规则，以及产生玩篮球的兴趣；然后对学生进行分组，组织学生打篮球，让学生在实践中学习篮球知识。

其次，高校体育教师可以结合学生的性格特点、学习能力等因素，利用游戏的方式加强对运动动作要领的教学。体育教师通过融入学生群体，以朋友的身份指导学生做动作，使学生更加用心地学习。例如，体育教师在教乒乓球相关知识时，可以与学生一同研究打乒乓球的技术动作，然后开展"打擂""坐庄"等游戏活动，比谁乒乓球打得好，使学生在良好的游戏氛围下反复锤炼乒乓球技能。

## （四）设置符合大学生实际需求的教学内容

体验式教学非常注重学生的实际需求。如果体育教师让学生去体验高难度的体育项目，他们就会认为自己没有能力完成，久而久之，学生就会产生畏难情绪，所以直接让学生去接触高难度的体育项目会打击学生的自信心。但如果体育教师让大学生去接触小学生喜欢的体育运动，大学生又会觉得过于简单，根本不会对体育活动产生兴趣，进而降低参与体育活动的积极性。因此，体育教师在选择体验内容前，必须对大学生进行调查，只有符合大学生需

求的体育运动项目才能充分调动其学习积极性。

## （五）加强教师专业技能培训，提高教师教学的专业素养

针对体验式教学系统性强、体系化程度高的特点以及教师专业素质跟不上教学实际的现实情况，高校应加强对体育教师教学理念、方法等的培训。

首先，要注重体育情境的教学设计和教学内容的策划实施，营造身临其境的教学氛围，让学生看"境"领会、入"境"体验、出"境"回味，激发学习兴趣，展开想象的翅膀，从想学、要学转变为趣学、乐学。一方面，情境设计要有挑战性和探索性。体育情境既不能设计得太简单，让学生失去探索欲、好奇心，也不能设计得太复杂，让学生无所适从、找不到突破口，失去探究的积极性和热忱。另一方面，要贯彻安全第一、预防为主的原则。设计体验情境要把安全放在第一位，不能为了追求高难度、高体验性而"拔苗助长"，导致学生受伤、受惊吓的事件发生。

其次，要遵循先易后难、循序渐进的教学原则。教学具体分为五个阶段：一是准备阶段。体育教师要明确教学目的、体验步骤以及要达到的预期效果。二是热身阶段。体育教师应引导学生舒筋活骨，树立必胜的信心，相互鼓励，了解团队。三是心理磨砺阶段。体育教师应引导学生挑战自我，做好攻坚克难的心理准备。四是体验阶段。体育教师应引导学生相互交流、分享观点、共克时艰、总结经验。五是反思阶段。体育教师应引导学生对存在的问题、解决问题的办法等进行反思，举一反三，找出最佳方案，避免在今后的教学中走弯路。

## （六）加强教师"主导"与学生"主体"地位，促进师生"双地位"的同步发展

传统体育教学偏重体育教师的"主导"地位，忽视学生的"主体"地位。体验式教学摒弃了传统教学的弊端，在强调学生主体地位的同时，对体育教师的主导地位也予以重视。但具体的高校体育课堂教学中往往过分强调学生主体地位，对体育教师的主导地位有削弱趋势。因此，体育教师应该转变观念，主导与主体并重，指导与引导并举，切实让学生在实践中真体验、体验好，"体"有所得、"验"有所效，实现师生教学相长。

第一，体育教师要注意观察学生的课堂表现，根据学生练习的实际情况对教学节奏、教学环节进行调整、优化和创新。体育教师要特别注重学生间的运动差异，因材施教、按需施训，让每个学生都能有所提高。

第二，体育教师要耐心听取学生的讨论和探究。只要是有利于提高教学质量、提高学习成绩、增强实践体验的建议和方法，体育教师都要积极吸纳、共同探讨，切忌唯我独尊、刚愎自用。

第三，当学生集体探讨有分歧、学生遇到挑战有畏难情绪、学生参与积极性不高时，体育教师要及时询问，摸清原因，提振士气，激发兴趣，让学生参与其中，感受和共享体育运动带来的精神愉悦和身心快乐。

第四，体育教师要根据教学内容有针对性地创设好教学情境，制订好学习目标，选择合适的教学项目，既让学生在体验中学会换位思考，增强团队意识、融入意识，又让学生在探讨中学会汲取、容纳，增强问题意识、改进意识。

在高校体育教学过程中，体育教师依然是重要的角色，体育教师的情感和态度会对体验式教学的效果产生重要影响。因此，体育教师需依据不同学生的特点，不断提高和完善自身的教学水平，同时要在体验式教学过程中调动学生学习的积极性和主观能动性，以此促进体

验式教学在高校体育课程中更好、更有效地开展。此外，在体验式体育教学过程中，体育教师需要注重培养师生之间、生生之间的情感，只有这样才能保证体验式教学的有效开展。总之，学生"主体"地位应体现在课堂教学前面，教师"主导"地位应服务于学生"主体"地位，以形成师生的良性互动和教师"乐教"、学生"乐学"，同呼吸、共成长、齐发展的多彩局面。

### （七）激趣导学，提高学生参与度

体育教学不仅是运动知识的传授，还与学生的日常生活息息相关。除增强学生的身体素质外，对学生进行心理、态度、精神上的磨砺也是体育教学的宗旨。所以高校体育教师要多措并举，激发学生的学习兴趣，让学生踊跃参与课堂学习，由趣向学，学有所长，长有所范，范以促学，营造出爱运动、爱学习、爱生活的良好氛围。

第一，实施需求探询法。体育教师首先要了解学生对体育教学的需求，按需制作课件，按需设计教学内容。如果时间允许，体育教师可以征求学生的意见，让学生参与教学的全过程。特别是在教学项目选择、内容制定、计划实施、注意事项制定等方面，体育教师要与学生共同探究、共同交流，使师生思想融会贯通，形成良性循环。

第二，实施榜样引领法。一方面，体育教师可以播放一些学生公认的优秀运动员的运动视频，以偶像提精神、鼓士气，以榜样树标杆、鼓干劲。另一方面，体育教师要发挥言传身教的作用，参与到活动中，变教师为队友，变说教为示范，彰显教师对教材、对学生的"双重体验"成果，以此促进学生向最好学习、同最优对标，学有榜样，练有标杆。

第三，实施评价激励法。体育教师要以正评价为主，对学生完成的情况、存在的不足、改进的方向等及时点拨提醒，让学生正确认识自己、认识他人，扬长避短，取长补短；特别是要让学生明白，体育教学不单单是对运动技能的学习，其中更包含着情感、精神和文化等要素，是一门综合课程。

第四，实施角色体验法。体育教师可以让学生扮演若干角色，使其在角色定位和演绎中感受教学理念、教学目标。例如，让学生扮演裁判员，使学生秉持公平、公正、公开的比赛态度，使学生明白要有应急处置意识，要了解和遵守裁判规程，要把控场上与场下、运动员与观赛员的动态等。

第五，实施反思领悟法。体育教师要反思自身，回顾教学过程还有什么不足、学生的精神状态如何、参与度变化大小等，通过教学反思来总结经验、修正不足、提高质效。同时，体育教师要引导学生进行学习反思，从心理上的融入、实践上的思考到团队精神的塑造等，看看自己还有哪些方面需要提升。

在高校体育体验式教学过程中，体育教师只有引导学生积极主动地思考，才能保证体验式教学的顺利开展。如果学生在教学过程中缺乏积极思考，那么这种教育方法则与传统的体育教育方法并无区别。因此，在开展体验式教学的过程中，体育教师需注重对学生自主思考能力的锻炼，只有这样才能为体验式教学的顺利开展打下良好的基础。

# 第五章　高校校园体育文化改革研究

## 第一节　高校校园体育文化的基础知识

### 一、校园体育文化的相关概念解析

#### （一）文化

文化可以分为广义的文化和狭义的文化。广义的文化又被称为"大文化"，包括一切物质、精神财富，是人类作用于自然界和社会成果的总和，着眼于人类社会与自然界的本质区别。狭义的文化指意识形态所创造的精神财富，又被称作"小文化"，主要包括道德情操、学术思想、宗教、信仰、各种制度、文学艺术、风俗习惯、科学技术等，它专注于精神创造活动及其结果。值得注意的是，狭义的文化从属于广义的文化。

#### （二）校园文化

通常来说，我们可以从宏观和微观两个方面来对事物加以分析和认知，所以为了对校园文化进行准确、全面的了解，可以从宏观和微观两个角度进行阐释。

1. 宏观角度

从宏观角度来看，校园文化是指在学校范围内多种精神或实体存在方式的综合，这主要体现在学校的物质文化、精神文化和制度文化等方面。

2. 微观角度

从微观角度来说，校园文化是精神文化和文化氛围的总称，其主要内容是学校课外文化活动。

不管是从宏观角度还是从微观角度来说，校园文化是不同于其他主流体育课程教育形式的课延文化（课程文化的延伸形式，是校园中一种辅助性的、课外性的课程文化）。

#### （三）体育文化

体育文化有广义与狭义之分。广义的体育文化是指体育运动本身所蕴含的、围绕体育运动所形成的一切物质文明与精神文明的总和。狭义的体育文化是指体育运动某一方面的文明因素。

一般来说，体育文化包括体育物质文化、体育精神文化和体育制度文化三个层面。其中，体育物质文化属于最表层，像体育设备、体育器材、体育雕塑等都是体育物质文化的内容；体育精神文化则属于内核，体育价值观念、体育行为等都属于体育精神文化的范畴；而体育制度文化则属于中间部分，对体育文化的发展起着重要的保障作用，各种体育项目的竞赛规则等都属于体育制度文化的范畴。总体来看，体育文化的三个层面是紧密联系在一起的，它们相互联系、相互促进，共同推动着体育文化的不断发展。

体育文化不同于一般文化概念，因为在体育文化中，结构不仅是行动的中介工具，也是行动本身；它不仅不会制约竞争和进取，还为竞争和进取提供了条件和保证。也就是说，体育文化并不是对人类狂野彪悍的原始生命力予以压制和束缚，而是要使人类昂首步入相互促进的轨道。体育文化具有如下几个特性。

## 1. 体育文化的民族性

人类文化既具有共性，也具有个性。人类文化的差异性，便是其民族性的表现。生活在不同区域的人类，创造出的文化具有不同的类型和不同的形态，形成了具有不同文化特征的群体。每一种形式的民族文化，与本民族的形成、发展和延续都有着非常紧密的联系，同时与本民族的风土人情、生产水平、经济条件、地理环境、社会结构相适应。

同文化产业相同的是，每一个民族的体育文化都在一定的区域范围之内得以形成和发展，逐步成为全民族共同的文化现象。因此，从这一层面来说，所有的体育文化都是民族的，不存在超越民族的体育文化。但需要注意的是，任何一个民族的体育文化在发展到一定程度后就会膨胀，这必然会将原有的躯壳打破，向外进行扩散，与其他民族的体育文化进行接触，并被动地接受来自外部文化的影响。

体育文化的民族性，其内容核心是民族的心理、语言、性格以及在这个基础上所形成的体育文化模式。生活方式和体育文化的不同，是由不同的心理、语言、性格造成的，这些差异又内化在民族的性格和心理等因素中，使体育文化的民族性得以固化，很难被动摇。

## 2. 体育文化的人类性

人类性是指一个民族的体育文化所蕴含的具有普遍性的品格能够被各个民族所理解或吸收，其主要的动因是人类有能够超越民族限制的共同的理性和需求。在民族体育文化中，体育文化能够代表一个民族的整体精神风貌和旺盛的生命力，具有世界性的意义和价值，如中华民族古老的养生文化具有追求生命质量的人类共性，这是人类体育文化的一部分，有着超越地域、语言、民族、国家界限的力量。

## 3. 体育文化的变异性

变异性是指体育文化在形成和发展的过程中，内容、结构、模式等方面发生变化的属性。历史并不是一成不变地向前发展的，体育文化需要在历史进程中不断汲取外部世界和其他体育文化的积极和先进的要素来不断调试自身，这样才能获得进一步发展。在文化发展中，传播和交流是其主要的动力之一，文化如果缺少了传播和交流，就很难发生改变，就会成为一潭死水，逐渐消亡。当然，体育文化的变异并非总是积极的。历史发展的曲折性表明体育文化发展的方向是正确的，但在前进过程中也会有挫折。从殷商开始，中国文化代代传承，虽然中间出现了很多曲折，但并没有因此而中断，中国体育文化也是如此。在经过几次明显的变异之后，中国体育文化先从秦朝对"武勇"的崇尚发展到汉代对"废力尚德"体育文化的推崇，从汉代和唐代对足球文化的推崇发展到宋代成为单球门的游戏，等等。以上这些变异都像体育文化的属性一样充分体现了出来。

## 4. 体育文化的时代性

体育文化具有特定的内容、形态和性质，能够呈现出比较鲜明的时代性。各个时代的体育价值观念是不同的，因此我们对各个时代的体育文化不能采用同样的标准来衡量，而要从历史的角度对体育文化的评价进行审视，既要看到其所具有的进步性，也要看到其时代的局限性。

体育文化的时代内容与形式使体育文化发展呈现不同的阶段。所有的体育文化都具有民族性和时代性，通常表现为不同民族的文化在同一时代表现出相同的时代特点，同一民族在同一时代有着相同的心理变化。特殊之处表现为各个不同的民族的文化在同一时代具有各自的民族特点，同一民族在同一时代又有不同派别、不同阶级的不同心理的两种文化。由此可见，体育文化的民族性包含在时代性之中，体育文化的时代性也包含在民族性之中，这是同一内容的两种不同性质。

5. 体育文化的继承性

继承性是指体育文化在历经各个不同时代的发展之后，依然保留了原有的一些特质属性。所有的文化都是由人类亲自创造的，正是由于人类文化的传播特性和人类意识的历史积累性，体育文化才具备了能够通过图像、文字、语言等媒体在社会价值体系和人类的意识领域中进行传承的特性。当然，体育文化以身体动作为基本形式，因此身体是其主要传承形式，但依附于体育文化之上的独有的语言和文字也具有强大的传承功能。

发展至今，体育比赛在数量和类型方面越来越多，人们通过各类大型体育比赛的形式来促使体育文化更好地传承。在体育文化传承方面，与体育相关的歌曲、谚语、邮票、电影等实物也是其不可忽视的形式。

(四) 校园体育文化

1. 校园体育文化的概念

当前，对校园体育文化概念的界定，认可度比较高的是曲宗湖、杨文轩等学者在《课余体育新视野》一书中提出的观点①。这些学者一致认为，校园体育文化是以校园为空间，以学生、教师为主体，以身体练习为手段，以多种多样的体育锻炼项目为主要内容，具有独特表现形式的一种群体文化。

2. 校园体育文化的内涵

对校园体育文化，我们可以从广义和狭义两个层面来理解。从广义的层面来说，校园体育文化就是在学校现有的环境中，学校师生在体育教育、体育活动和体育学习等过程中创造出来的精神和物质的所有内容。从狭义的层面来说，校园体育文化是在学校教学环境下，教师主导下的行为主体在各种体育活动中相互作用所创造出来的学校文化形态，是学校这一特殊社区的体育群体意识。

一些学者认为，校园体育文化具有多功能指向的特点，具体有以下几点。

(1) 从教育视角来说，校园体育文化能够促使学生的思想品质得到提高，培养学生良好的道德品质、体育观念、审美情趣，并完善学生的心理特质。

(2) 从发展的视角来说，校园体育文化能够很好地促进学生的身体素质、身体机能和智力等方面的发展。

(3) 从教养的层面来说，校园体育文化能够向学生教授一些体育基本知识和基本技能，培养学生良好的体育文化态度、锻炼身体的好习惯，以及体育学习兴趣和学习动机，提高学

①　曲宗湖，杨文轩．课余体育新视野［M］．北京：人民体育出版社，1999．

生的自我意识。

（4）从社会学的层面来说，校园体育文化能够很好地促进学生社会情感和社会意识的提高，促进学生个体社会化，培养学生良好的社会活动能力，增强学生的人际交往能力。参与校园体育文化活动，既能够使学生的心理、身体和人际交往等方面得到全面的提高，也能够营造出一个积极、健康、向上的校园文化氛围。

### 3．校园体育文化的本质

校园体育文化是校园文化的重要组成部分，其构成要素是体育物质文化和体育精神文化。它通过体育文化氛围、体育文化环境、体育文化活动、大多数人共同遵守的法规以及学校制度等文化因素对学生实施体育教育，从而促进学生身心的全面发展。校园体育文化是学校在特定的历史条件下为实现教育的目标，在长期的校园文化建设中，把各种有益于师生成长的文化通过不同的方法和手段渗透于体育活动，从而达到积淀、整合、提炼的目的。它反映了学校广大师生的健身目标、健身理念以及健身行为准则。校园体育文化本质上所体现的是关于学生及教职员工的体育价值观念。因此，某种先进的校园精神一旦形成，必然会对全体师生的体育行为产生巨大的导向作用，形成一种强大的校园体育氛围，在引导师生树立"健康第一"的观念的同时规范他们，使他们明白应该做什么、为何而做、如何去做，从而使参与的人具有某种特有的"体育精神特质"，形成该学校区别于其他学校的特征。任何为了要达到某种目的，而不仅是有价值定向，并且是价值支撑的活动，只有被认为具有某种合理性时，人们才会理直气壮、义无反顾地去实践。先进的校园体育文化作为校园价值体系的精华，作为促进学校发展的一种潜在力量，无疑是巨大的激励因素，推动着师生积极进取、战胜困难、开拓创新、夺取胜利，特别是在学校遇到困难或挫折时，它会给师生以信念的支撑，会成为师生追求理想、追求发展的力量源泉。校园体育文化是学校师生共同创造并认同的价值观念，具有无形的凝聚力和感召力。在校园体育文化的熏陶下，生活在同一所学校的师生体验并认识到彼此具有共同的理想追求、价值观念、道德情操和行为规范，会产生强烈的认同感、责任感和荣誉感。

## 二、高校校园体育文化的结构及内容

### （一）高校校园体育文化的结构

根据文化的结构，由表及里地进行分析高校校园体育文化。首先是"物质文化层"，它是指人们通过加工创造对自然的改造；其次是"制度文化层"，它是指人们在社会实践中形成各种规范；再次是"行为文化层"，它是指人们约定俗成的习惯；最后是"精神文化层"，它是指人们在长期的实践以及意识活动中的各种价值观念等因素，其中"精神文化层"是文化最核心的部分。

在高校校园体育文化结构中，校园体育精神文化蕴含着文化主体的认知成分、情感成分、价值成分、理想成分，其中的体育观念、体育精神又是高校校园体育文化活动中最活跃的因素，决定着高校校园体育文化的行为表现效果，决定着高校校园体育文化传统的形成和文化走向，体现着文化主体的主观愿望和文化品位。因此，高校校园体育文化精神的培养、塑造和传承将是高校校园体育文化建设的核心及难点。

（二）高校校园体育文化的内容

### 1. 高校校园体育精神文化的内容

高校校园体育精神文化形态是校园体育文化的灵魂所在。校园体育精神文化形态主要反映在体育的价值观念、体育的态度、道德风尚、知识等方面，涉及学生的理想追求、观念转变、道德修养、人格塑造、行为自律、纪律约束等各个方面。它一经形成，就成为校园的向心力和凝聚力，具有明确的指向性，影响和规范着每个学生的思想和行动，决定着他们的价值取向和思想品质的形成，并成为激励学生奋发向上的精神力量。它是师生员工在从事体育活动时从其所特有的生活方式中体现出来的思维活动和共同的心理状态，是师生员工在长期教学、学术、训练、健身、工作、生活等实践中逐步形成和发展起来的，并为师生自觉认同的群体意识，我们从校际、院系、班组间的比赛就可以明白一切。它通过体育思想观念体系和价值体系表现出来，是一种氛围、一种软环境。

因此，强化和弘扬良好的体育精神文化是校园体育文化建设的核心和宗旨。

### 2. 高校校园体育制度文化的内容

高校校园体育制度文化是指在体育教学、娱乐、竞赛等活动中要求学生共同遵守的规程、行动准则等文化体系，它是在体育教学实践中形成和发展起来，并通过条文固定下来的。它具有高度的科学性、权威性、概括性和规范性等基本特征。它是衡量教学质量、运动水平的主要标志。它能引导学生在约定的规则下进行体育比赛和竞争较量，有利于培养学生遵章守纪的行为习惯，加强道德培养。

高校校园体育制度文化具体包括以下内容：一是高校校园体育组织机构。校园体育组织机构是管理、组织、运行校园体育文化活动的高校行政单位，它是监督、执行高校相关体育规章制度的机构，具有教育、管理等职能。二是大学体育制度法规文件，包括体育教学、课余体育活动、运动训练与竞赛、体育科研、体育社团、体育交流、体育师资等全方位制度、方法的确立。它既有国家层面的政策性文件，又有高校层面的体育规章制度。三是高校校园体育传统。体育传统是高校在体育方面逐渐形成并带有普遍性、重复出现、相对稳定的蕴含高校文化精神、独具特色的体育文化形态，它具有教育、导向、规范和激励的作用。各个高校的类型、规模、办学条件、师生结构、地理环境等的差异决定了体育传统的创新和个性特征。四是高校校园体育风俗习惯。这种风俗习惯在高校校园中是一种隐性的规则，这种规则并不是由管理者制定的，也没有强制的约束力，而是由体育文化受众自己建立的，用来协调互相之间的关系和利益。大学体育风俗习惯具有高校特点和群体特色，它是某一群体的某种体育行为约定俗成的经验或规则。

校园内体育文化受众的行为被大学体育制度比较严格地规范着，有利于校园整体体育行为的稳定。因此，大学体育制度犹如一个模具，它引导和规范着大学体育主体的体育行为，对高校校园体育文化的真正形成起着决定性的作用。

### 3. 高校校园体育行为文化的内容

高校校园体育行为文化形态是校园体育文化的活动表现，主要体现为校园人的体育习惯、体育风气、体育传统、体育方式、体育活动质量和体育流向以及校园体育在高校各项活动中的地位等。校园体育行为文化，使学生相互尊重、团结友爱、积极向上、不歧视，建立良好的师生关系和同学关系，培养一个良好的体育集体，创造一个良好的人际氛围。

首先，大学体育是大学生的必修课程，是大学生校园体育的重要内容之一。大学生在大学本科期间必修 4 个学期的体育课，体育课程内容、上课时间在各个大学有所不同。当前大部分大学的体育必修课程安排在大学一、二年级，部分大学采取学分制管理办法，在大学四年任选 4 学期体育课程。在规定选课时间内，大部分大学实行"三自主"体育选课模式，即学生可以在规定资源内任选上课内容、上课时间和任课教师。除了体育必修课外，各大学均为大学生安排了健身性、娱乐休闲性更强的体育选修课，选修课教学内容、考核方法等与体育必修课均有较大区别。

其次，校内外体育竞赛、课余运动训练、高校大型体育文化活动为广大师生提供了展现个性、表演运动技能的舞台。它具体包括校内学生篮球、足球、排球等联赛，乒乓球、羽毛球、健美操等锦标赛，全校学生、教职工运动会，体育文化节，体育社团体育竞赛以及高校之间的体育友谊赛等。

再次，大学体育社团建设情况能够反映出高校校园体育行为文化水平。体育社团文化建设的好坏直接影响到教师、员工，尤其是学生体育综合素质的培养和提高。体育社团文化建设的多样性与丰富性能极大地调动师生员工体育运动的积极性。丰富多彩的体育社团活动、种类齐全的体育社团类别、浓厚的体育社团文化氛围都在直接与间接地影响着校园每个个体的体育思想意识、体育行为举止、体育运动中的交际与沟通能力、组织管理与协调能力、团结与合作能力等。各个大学体育社团的管理规范性、多样性差异较大，体育社团数量一般是 10～35 个。

最后，高校校园体育行为文化还包括大学生的个体健身活动。大学生个体健身活动具有自发性、自觉性，它能够有效地培养大学生的体育健身意识，有利于大学生体育健身习惯的养成。但是由于缺乏组织、管理和指导，如果引导不当，大学生不良的体育行为文化会导致大学生体育行为异化。例如，运动场上的突发事件、比赛场上的暴力冲突、体育课堂中学生之间的敌视等不文明行为。触发这些行为的原因不一，学习压力、感情变故、报复心理、竞争压力等都会成为行为异化的原因。这些行为具有一定的突发性，很多在发生前没有任何先兆。当前体育行为文化建设的重点之一就是竭力预防和制止这类行为的发生。

## 4．高校校园体育物质文化的内容

高校校园体育物质文化层面包含校园里的体育建筑、雕塑、场地、器材等，是校园体育意识文化的载体，也是学生进行体育锻炼不可缺少的物质基础和校园体育文化建设的前提条件。如果没有相应的文化设施，在一定程度上，高校校园体育文化建设就将"巧妇难为无米之炊"。因此，必须加强高校校园体育物质文化建设。

高校校园体育物质文化包括以下几个方面：一是高校校园体育标志。其通常指大学体育标志性建筑物、大学体育吉祥物、标准色、大学体育运动服饰、大学体育图标。有着悠久文化的高校校园通常都有承载高校历史与使命、体现大学文化精神的体育标志，并希望以此激励高校的持续发展。二是校园体育环境，包括自然环境、体育建筑风格、体育建筑布局、体育建筑雕塑等。校园体育环境的建设渗透着高校的人文气质和体育传统。三是校园体育场馆和器材设备。这是高校校园体育文化发展的基础和保障。高校校园体育活动的开展（包括体育教学、群众体育与校内体育竞赛、运动训练与竞赛、大型体育文化活动等）均离不开高校基础体育物质设施的支持。这些物质设施包括体育馆、体育场、体育器材、体育比赛器械等。校园体育运动项目很多，每一个运动项目均有各自所需的体育场地和体育器材，高校在校园体育物质设施的建设、购买、维护、更新等方面的经费投入占到大学体育经费的最大比例。

# 第二节 高校体育教学与校园文化的融合及发展

## 一、高校体育教学与校园体育文化的关系

### （一）体育课是校园体育文化的基础

文化是随着人类社会的出现而产生与发展的。在人类社会中，一种文化的出现与发展需要一定的群众基础，否则就不可能得到持续性的发展。在校园中，校园体育文化的形成与发展也是如此，其发展是以大学生为群众基础的，而要想建立这样的群众基础，就需要通过体育教学这一过程来实现。也就是说，体育课就是校园体育文化的基础。

### （二）校园体育文化对高校体育课教学起着促进作用

校园体育文化的建设非常重要，它能对高校体育课教学起着重要的促进作用。大量的事实表明，一个良好的校园体育文化氛围能有效激发学生学习的兴趣，陶冶学生的情操，促使学生自觉参与体育学习与锻炼，从而促进自身的全面发展。

校园体育文化对校园文化建设具有重要的价值和意义，这一价值和意义主要体现在校园体育文化的教育性上。众所周知，体育文化的精髓在于"育"，而校园则融合了智育、德育和美育，因此校园体育文化是校园文化与体育文化的有机结合，对高校体育教学质量的提高具有重要的作用。

## 二、高校体育教学与校园文化融合发展的途径

高校体育教学与校园文化的融合及发展是提高体育教学质量，促进校园体育文化环境建设的重要途径。在具体的实施过程中，要做到以下几个方面。

### （一）优化教学管理理念，建立新的教材体系

体育教学与校园文化融合的根本途径就是要改变传统的体育教学理念，结合具体的教学实际创建一个具有针对性的体育教育体系。在平时的体育教学中，体育教师要让学生明白上体育课的目的并不仅仅是获得学分，而是锻炼体能，掌握运动技能。另外，在教学过程中，体育教师还要充分尊重学生的主体地位，注重学生的个性化培养与发展，在教学活动中培养学生终身体育的意识与能力。

当前，我国高校体育课项目大多以竞技体育运动项目为主，关于民族传统体育的课程相对较少。而民族传统体育作为一项非常适宜广大人群参与的教育手段，理应在高校中得到进一步推广与发展。这些项目（太极拳、散打等）所彰显的和谐、中庸等内涵能很好地提升学生的心理品质，帮助学生养成积极向上的性格以及平和的心态。因此，在体育教学中，注重体育教材的选择，优化体育教学管理体系，建立新的教材体系是一个亟须解决的问题。

### （二）以构建体育俱乐部为载体，大力宣传体育文化

体育俱乐部是近几年非常流行的体育课外活动形式。在体育俱乐部中，学生可以根据自己的特长和喜好自由选择运动项目进行锻炼；在锻炼过程中还有专业人员进行运动技术指

导，能很好地提高运动锻炼的效果。

在高校中设立体育俱乐部为学生体育运动锻炼提供了良好的渠道。高校体育俱乐部活动的管理由专人负责，其根据高校体育工作目标和规划确立俱乐部目标、运营方式、人员安排等，其宗旨是提高学生的体育运动水平，使学生养成终身体育的意识与习惯。

除了在高校建设体育俱乐部外，还要建立体育社团网站，以宣传与推广高校体育文化。调查发现，当前我国高校中专门建有网站或网页的体育社团非常少，有很多高校从未考虑过建设高校体育社团网站，即使有体育社团网站的高校，其信息的更新也不及时，没有充分发挥其宣传的作用。

### （三）完善相应的体育竞赛体系

体育教学中，体育教师在安排体育活动时，要尊重学生的主体地位及个性特点，灵活地安排各种体育项目与内容，要根据高校的具体实际多增添一些学生喜闻乐见的体育活动，以充分激发学生学习的积极性，提高运动锻炼的效果。

在举办校园体育运动会时，体育教师要事先做好规划，安排比赛项目时要有侧重点，使各运动会项目比较平均地分布在两个学期中。另外，校园运动会举办的时间要相对固定，不能随意改变，这对于形成具有高校特色的传统活动具有重要的意义。

在举办校园体育文化节时，学生应在教师的带领下积极参与体育文化节的各种活动。由于春秋季节气候条件较好，因此一般情况下校园体育文化节多在春秋季节举行。学生可以充分利用自己的课余时间参加各种体育文化活动，以丰富自己的业余文化生活。校园体育文化节主要包括集体项目、个人项目、表演项目以及相应的知识竞赛等内容。这些活动的举办能营造一个良好的校园体育文化环境与氛围。这样的环境有利于学生养成终身体育锻炼的意识与习惯。

### （四）加强校园体育文化制度环境建设

要想进一步促进高校体育教育的发展，高校相关部门及领导一定要重视校园体育文化的建设与发展。校园体育文化是校园文化的重要组成部分。要充分发挥其文化功能，就要制定相关的规章制度。以高校为例，各大学都有一定的规章制度，如学生体质健康标准、全国普通高等学校体育教学指导纲要、高校体育工作条例等。尽管规章制度及相关条例较完备，但在真正实行的过程中却遇到了不少阻碍，大部分高校都没有形成制度化、规范化的局面，这对于校园体育文化的建设是非常不利的，需要引起高度重视。

# 第三节　自媒体时代下高校校园体育文化的传播

## 一、校园体育文化传播理论

### （一）校园体育文化传播的要素

#### 1. 校园体育文化的传播关系

校园体育文化传播中发生的联系是校园体育文化传播的前提，具体包括校内外体育文化的双向传播关系和校园内部自身的传播关系两个部分。

2. 校园体育文化的传播媒介

校园体育文化的传播媒介主要包括以下两个方面。

（1）校园中的"人"

教师和学生是校园体育文化传播的主体与媒介，利用这一主体与媒介进行文化传播的形式主要有以下几种。

①体育课。

②训练课。

③比赛交流活动。

④体育俱乐部等活动。

（2）校园中的"物"

"物"媒介主要包括文字、音像和网络，这些媒介资源在校园体育文化传播中均发挥了重要的作用。

3. 校园体育文化的传播方式

常见的校园体育文化的传播方式有以下几种：人际传播、群体传播、组织传播和大众传播。

（二）校园体育文化的传播价值

1. 自我增值价值

校园体育文化是通过文化传播过程中各要素发挥作用而产生增值效应的。高校师生接受校园体育文化后，就会根据自己的经验和对价值观的理解衍生出多重意义，从而实现文化的增值。

2. 教育价值

校园体育文化具有渗透性、暗示性，其对人的影响是潜移默化的，与显性课堂教育不同，所以说校园体育文化的教育价值是在无形中发挥的。

3. 社会调控价值

校园体育文化传播的社会调控价值指的是通过校园体育文化对社会进行调适和控制。高校举办各种体育文化活动，能够保持校园稳定，培养学生遵纪守法的意识与习惯，使学生步入社会后自觉规范与约束自己的行为，为社会文明和进步做出自己的贡献。

## 二、自媒体时代高校校园体育文化传播存在的问题

整体上来说，随着自媒体技术的不断发展与自媒体形式的不断变化，高校校园体育文化得到了大范围的传播，但传播过程中仍有很多问题或瓶颈，主要体现在以下几方面。

（一）缺乏吸引力

目前，我国还没有把体育文化建设纳入高校体育教育课程目标，因此高校内部体育文化建设困难重重。在自媒体时代下，高校体育文化宣传缺乏吸引力的问题主要表现在两方面：一是体育相关的自媒体传播内容较单一，二是体育相关的自媒体很难与高校体育教育形成联系。

## （二）缺乏正确引导

高校利用自媒体宣传体育文化，在内容构建方面存在一些问题。因为自媒体不好控制，各种文化混杂，一些大学生无法正确区分积极文化与消极文化，所以容易受到负面文化的影响。可以说自媒体时代的大学生既是信息技术的受益者，也是受害者。在传统教学中，学生通过课程目标初步了解体育文化，通过课堂学习接受体育文化教育，充分认识体育活动的目的、意义等内容。但在自媒体环境之下，学习模式发生了改变，高校使用自媒体宣传体育文化受到挑战。在自媒体网络效应下，高校体育文化传播一定程度上缺乏正确引导可能是由以下原因造成的：

（1）全球化背景下，各国文化涌入高校，本土文化受到巨大冲击。

（2）网络的虚拟性使网络体育文化传播遇到困难。

（3）传统体育文化与现代体育文化出现矛盾。

（4）客观、严谨的教学方式在自媒体时代下很难开展下去。

## （三）引导力需进一步加强

大学生通过自媒体可以获得最新体育资讯、学习体育技巧，但不和谐的内容也同时存在。负面信息如果在自媒体平台上大肆传播，那么将影响大学生接受健康的教育。具体来说，这方面的问题表现如下：

（1）自媒体道德氛围较差。

（2）自媒体防御措施不够先进。

（3）自媒体时代制度环境方面没有建立体育文化宣传体系。

## （四）缺乏保障制度

目前在高校校园体育文化的传播过程中，保障制度方面的问题主要体现在以下两方面：

（1）物质资源存在衔接失调的问题。高校在大型体育活动中投入的资源非常多，这让学生误认为高校只看重大型体育活动，产生日常体育活动可有可无的想法，导致其对体育文化认识肤浅。

（2）体育文化传播人员的基本条件得不到保障，如资金补贴、学分提升等，所以其在文化传播中敷衍了事，导致学生体会不到体育文化的精髓部分。

# 三、自媒体时代高校校园体育文化传播的对策

## （一）鼓励体育相关的自媒体参与

高校要想让体育相关的自媒体加入，首先就需要加入自媒体：一方面，高校应当督促体育工作者在自媒体平台上注册，走进自媒体世界，体验自媒体活动，以便充分了解这项技术对宣传校园体育文化的价值；另一方面，扩大自媒体课堂使用量，将自媒体引入课堂教学，将虚拟和现实融合。

## （二）加强对校园体育文化专业人才的培养

高校体育工作人员，如体育教师、专项体育教练等是校园体育活动的重要组成部分，是

高校体育活动的"领头羊",因此在校园体育文化建设中加强对这一队伍的培养非常重要。目前可以从以下两个方面来着手提高高校教育队伍中自媒体队伍的专业水平:

第一,强化教育队伍的综合水平,定期进行专项学习。高校要引导教师定期进行学习,使教师接受新的教学理念和教学方式,从而更好地引导学生使用自媒体进行体育运动,参与课堂学习。

第二,鼓励教育队伍引入新鲜血液。年轻教师往往能快速接受新鲜事物,教学意识较开放,对自媒体技术的掌握也比较强,所以高校应适当引进年轻教师,甚至可以在领导岗位上大胆起用一些新人,增强教育队伍的自媒体意识,让自媒体顺利进入校园体育的各个方面。

### (三) 引导正确的自媒体舆论导向

净化自媒体环境,只靠高校的努力远远不够,还需要社会各方面和政府通力合作,宣传正确的舆论导向,共同推动自媒体健康发展。其具体措施如下。

#### 1. 强化网络监督

现在,自媒体快速占领了新的体育文化传播阵地,迎来了繁荣时期。但在网络空间中,人们畅所欲言、言论自由,网络监督基本空白,这就导致主观性的言论形成失控的舆论,也可以认为这是特殊形式的道德杀手。我们必须认识到,自由是相对的,在虚拟网络中应在法律范围内发表言论。对此,政府应充分发挥监督职能,强化网络监督。

#### 2. 重拾自媒体自律及道德责任

媒体的商业化运作冲击了传统大众传媒,缺少社会责任的自媒体对网络商业道德的构建造成了严重的阻碍,也给高校校园体育文化带来了挑战。大学生的世界观虽已基本形成,但近墨者黑,依然会受到商业化导致的不良价值观的影响。自媒体如果做不到自律,更多负面的体育文化将遍布各个角落。对此,各大自媒体平台应重视企业道德,确保文化宣传内容积极健康,共同创造和谐的自媒体环境。

### (四) 不断完善校园体育文化制度建设

#### 1. 强化高校内部制度建设

完善高校内部制度建设需要以尊重学生主体地位、完善学生自我教育以及制定合理的制度为依托,制定符合实际、贴近学生的法律法规。需要注意的是,作为保障高校体育文化发展的制度——高校学生惩戒制度必然要坚守一定的道德立场,如制度的道德规约、教育的本质要求以及学生个体的成长需求。高校内部制度建设要保证合理性,得到大学生的支持和教职工的肯定,这是制度建设顺利落实及发挥作用的基础条件。

#### 2. 建立专门的保障机制

提高校园体育文化的影响力,需要有针对性地建立一个长期的保障机制,从而促进校园体育文化发展的良性循环。建立专门的保障机制应从以下几方面考虑:

(1) 加强对高校体育活动安排制度的建立健全。合理安排各大体育活动,营造浓厚的体育氛围。

(2) 对宣传人员提供基本保障,如体育课堂加分、学分奖励、体育器材使用权等,从而让更多大学生参与到体育文化建设中,弘扬校园体育文化。

## 第四节　和谐社会视域下高校校园体育文化体系的完善

### 一、校园体育文化促进和谐社会的作用

校园体育文化促进和谐社会的作用主要体现在以下两个方面。

#### （一）促进大学生全面协调发展

在各种校园文化中，校园体育文化具有自身的优势，主要表现在开展广泛、持续时间长、参与者多、参与群体活跃，对学生的影响极其深远等方面。可以说，校园体育文化活动是丰富多彩的校园文化活动的典型代表。校园体育文化活动以身体练习为主要方式，以公平、竞争、协作等为指导思想，参与者在身体运动的过程中可以全面锻炼身体素质，获得身体健康，并保持充沛的精神与愉悦的心情。校园体育竞赛或其他体育活动为学生展示自身的才华与个性提供了重要的平台，增强了集体凝聚力，使学生顽强的意志品质和拼搏精神经历了有意义的磨炼，可以说这是促进学生全面协调发展的有效的方法。

#### （二）促进和谐校园建设

在高校校园文化发展过程中，校园体育文化是非常有效的催化剂，校园人文气息和文化氛围的营造离不开校园体育文化这一重要的动力源泉。丰富多彩的校园体育文化能够对学生的潜能进行深度挖掘，促使学生形成良好的价值观与健全的人格，推动大学生身心健康发展，使学生从"自然人"过渡到"社会人"。

健康的、积极向上的校园体育文化能够营造良好的教育氛围，使高校校园更有生机和活力，使大学生的大学生活多姿多彩。同时，积极参加体育文化活动还能促进大学生学习和生活质量的提高，促进人与校园环境的和谐发展。

### 二、完善和谐校园体育文化的策略

#### （一）加强思想引导，推进校园体育精神文化建设

对于校园精神文化而言，体育精神文化是一个不可缺少的重要组成部分；对校园体育文化而言，体育精神文化是其核心和灵魂。校园体育文化是高校体育的窗口，校园体育精神文化则是高校体育教育的重要窗口。作为校园体育思想文化的集中表现，校园体育精神文化积极影响着大学生的思维方式、价值判断、精神风貌、道德情感、人格塑造、行为习惯等各个方面。高校要注重构建与发展校园体育文化等软环境，紧跟时代步伐，与校园体育文化的发展需要相结合，创新体育文化，努力促进先进体育文化的繁荣发展，从而以特色鲜明、时代气息强烈的校园体育精神构筑校园文化的主旋律。

#### （二）加强硬件保障，推进校园体育物质文化建设

高校开展体育活动，必然离不开体育场馆、体育设施、体育器材等物质基础，这是构建校园体育文化环境的基本前提和保障。高校应将校园体育文化设施建设纳入高校整体建设规划，不断完善校园运动场馆、体育设施建设，创造良好的校园环境。

高校还要不断开发与创新运动项目，举办丰富多彩的体育文化活动，提高大学生的参与积极性，进而促进校园体育物质文化建设的和谐价值和思想教育性的不断提升。

（三）加强科学管理，推进校园体育制度文化建设

校园体育文化系统的正常运行离不开校园体育制度文化的支持和保障，校园体育物质文化与精神文化的发展也离不开制度文化这一必要条件。高校应建立校园体育文化管理体制，并注意分工明确、责任到人。制度面前人人平等，高校相关领导要亲自挂帅，有关管理人员要身体力行，发挥好带头作用。

高校要明确校园体育的发展目标，立足实际需求，统筹规划和建设校园体育文化，不断建立健全适合自身发展的管理机制，保障校园体育文化活动的正常开展。校园体育文化建设工程非常复杂，只有上级加强管理，各部门通力配合，才能使校园体育文化的可持续发展得到保证。

（四）加强形式创新，推进校园体育特色文化建设

不同高校的规模、办学类型、办学条件以及师生结构等都是有差异的，再加上地理位置、气候条件、环境等方面的不同，不同高校的办学思想和教学理念也不同。在校园体育文化建设过程中，高校应与自身办学优势和特点相结合，开展独具特色的体育文化活动，从而促进学生课余文化生活的丰富。

（五）加强过程监督，推进校园体育文化评价体系建设

为顺利开展健康的校园体育文化活动，高校应建立科学合理的校园体育文化评价机制，适时评价校园体育文化活动的开展状况，并根据评价情况调整有关政策。校园体育物质文化、精神文化、制度文化等的建设状况，校园体育文化活动的开展状况，师生的参与状况等是主要评定内容；评价方式可结合定性评价和定量评价两种方式。客观、真实、全面的评价可为今后校园体育文化工作的顺利开展提供可靠的参考。

# 第六章  高校体育教学设计的基本理论

## 第一节  体育教学设计概述

### 一、体育教学设计的概念

体育教学设计是体育教学执行者和参与者为了提高体育教学质量在教学活动中采取的具体的体育教学活动方案。

从整个教学系统来讲，体育教学设计在指导思想、基本思路、基本程序上与其他课程的教学设计是一脉相承的。在设计具体操作方案时，体育教师要根据体育教学自身的特点，充分考虑学生身体和心理发展的基础与相互关系，结合体育教学的环境和条件，分析教学现状，对未来体育教学过程中可能出现的一系列问题进行预测，并对未来的师生活动进行规划、准备，从而制订相应的计划方案。

在现代高校体育教学中，科学的体育教学设计有助于促使体育教学理论与教学实践的有机结合，有助于体育教师发现体育教学中的各种问题，促使体育教师积极思考和探索解决问题的办法及思路，使教学设计方案更具实效性；有助于促进体育教学工作的科学化，促使体育教师的教学从经验型向科学型转变，从而提高体育教师的专业素质。此外，体育教学设计还是显著提高体育教学效率和教学效果的有效手段之一。

### 二、体育教学设计的特点

体育教学设计具有鲜明的特点，具体表现在超前性、差距性和创造性等方面。

#### （一）超前性

体育教学设计是体育教师在进行体育教学之前，事先对体育教学做出的一种安排或策划，即体育教学设计在前、体育教学实施在后，所以说，体育教学设计具有一定的超前性。例如，体育教师在上体育课之前，必须设计出这堂课的教学方案。

从本质上讲，体育教学设计只是体育教学活动的一种设想和预测，即针对体育教学活动的一切要素进行构想，并提出解决问题的方案，是体育教师在进行体育教学之前对体育教学所做的安排或策划。具体来说，体育教学设计是对即将进行的体育教学可能产生的问题进行分析，根据体育教育、教学理论和学生的学习需求，针对可能发生的问题提出解决方法的一种设想。

#### （二）差距性

体育教学设计是在体育与健康课程理念、学生的体育学习需要的指导下形成的一种实施方案。在方案实施过程中会出现许多难以预测的情况，这是因为体育教学设计者对体育教学中可能出现的问题的理解、对现有条件的分析、所采取的解决问题的方法等都具有一定的差距性。

体育教学设计的差距性特点促使体育教师在教学过程中要时刻根据具体的教学情况调整教学方案，以适应不断变化的教学要求，这主要表现在以下两个方面：

一方面，体育教学设计要以体育与健康课程理念、学生的体育学习需要为基础，这对体育教学实践活动具有重要的指导意义。

另一方面，体育教学过程具有一定的复杂性和多变性，体育教学设计不可能完全考虑周全。体育教师设计出的教学方案不能全面概括教学实践，不能完全解决教学实际中存在的各种问题。

### （三）创造性

体育教学设计的过程不仅是一个解决教学问题的过程，更是一个体现创造性的过程。体育教学目标的多元化、体育教材的多功能性、体育教学方法的多样化等特点，决定了体育教学过程具有复杂性和不确定性。体育教师在进行教学活动时完全按照教学计划开展活动是不现实的。因此，体育教学设计必须具有一定的创造性，只有这样才有可能充分解决教学中存在的问题。

作为体育教学的一种特质，体育教学过程的变化性为体育教学设计提供了创造性的开放空间。因此，体育教学过程就是发展学生创造能力和培养体育教师创新精神的过程。

体育教学设计的创造性对体育教师的专业能力和专业素质提出了较高的要求，要求体育教师具备创造性地解决体育教学活动中出现的问题的能力，这对培养和提高学生的创新意识和创新能力具有重要意义。

体育教师必须具备的专业素质主要包括以下几点：第一，扎实而丰富的文化基础知识；第二，出色的专业技术知识和能力；第三，创造性的思维和想象力。只有具备这些素质，体育教师才能创造出多元、科学、有效的体育教学方案。因此，创造力是体育教师教学执行力的重要组成部分。

## 三、体育教学设计的基本原则

### （一）目标导向性原则

目标导向性原则是指体育教学设计必须紧扣体育教学目标，所有教学环节的设计都以教学目标为导向，体育教学设计方案要保证实施过程的教学行为与教学目标保持一致。

体育教学目标是由体育与健康课程目标所决定的。体育教学的目的就是帮助学生从起始状态达到目标状态。因此，体育教学设计的每一个环节、每一个步骤都要考虑其对实现教学目标的功能和作用效果。换言之，体育教学设计就是一个通过解决问题以实现体育教学目标的准备过程。

### （二）整体优化原则

整体优化原则是指体育教师在进行体育教学设计时，要在对体育教学过程各个因素优化设计的基础上，处理好体育教学系统内部各子系统之间的关系，将各因素进行科学整合，充分发挥体育教学的整体功能，以达到最优化的教学效果。

体育教师在体育教学设计的过程中要把握好整体优化原则，将体育教学系统的每一个要素、环节等都置于系统的整体设计之中，从而设计出最优的体育教学方案。

### （三） 可操作性原则

可操作性原则要求体育教学设计方案实用、高效。体育教学设计只有具备了可操作性的特点，才能更好地提高体育教学的效率。

体育教师在制订体育教学设计方案时要把握好可操作性的原则。体育教师在进行教学设计时，不能生搬硬套教科书上的案例和模式，要认真分析具体的教学背景和实际情况，制定出切合自己学校及班级特点的教学目标，内容安排应与现有教学条件相适应。

### （四） 系统性原则

系统性原则是指体育教学设计的整个过程要贯彻系统论的思想，使其成为一个有机统一的整体。具体来说，在体育教学设计的过程中，体育教师要学会用系统的理论分析问题，从整体的角度出发，对体育课堂活动中的各要素进行分析，制订出多种体育教学方案，并加以比较，从中选出最优方案指导教学实践。

### （五） 灵活性原则

灵活性原则要求体育教学设计符合体育教学的发展，灵活多变。体育教师遵循灵活性的原则，有以下三方面的原因：

（1）由于体育教学活动受外界环境的影响较大，如场地、季节、气候等，体育教学设计要根据实际情况做出适当的调整。

（2）体育教学过程中师生、学生之间人际交往复杂，角色不断发生变化。

（3）在体育教学活动中，学生的身体、心理是在不断发展和变化的，因此，体育教学设计方案也应根据实际情况做出适当的调整。

### （六） 趣味性原则

趣味性原则要求体育教学设计必须体现出趣味性。在体育教学过程中，影响学生学习的因素不仅有智力因素，还有非智力因素，如动机、兴趣、情感和态度等。同时，体育教学内容大多起源于各种游戏，因此体育教师在进行体育教学设计时，要把握好趣味性的原则，具体做好以下工作：

首先，体育教师应充分了解学生的兴趣，根据学生的不同兴趣及要求合理安排体育教学的内容。

其次，体育教学方案要包含创新的教学手段和方法，对一些枯燥的和技能性较强的内容进行适当的加工、改造，以满足学生的需要。

最后，体育教师要认真分析体育教学内容的特性，教学方案设计要符合学生身体和技能情况。

### （七） 简明性原则

简明性原则是指体育教学设计的过程与方法应该是简便易行的。很多人认为教学设计是一项非常复杂的教学技术，使用起来也不方便，一线体育教师没有能力与精力顺利完成教学设计。实质上，教学设计重要的作用之一就是提高教学的效率与效果。因此，体育教学设计是一项指导体育教师教学的简明技术、手段，它不应该给体育教师增加额外的负担，而应该是体育教师易于掌握的、使用起来简单明了的，有利于指导学校体育教学工作的。

### （八）创新性原则

创新性原则是指体育教学设计在体育教学理念、体育教学内容、体育教学方法和策略等方面对常规或传统体育教学有所突破或超越。体育教学设计的创新能有效地挖掘教学资源和提高教学效率，从而实现体育教学的低耗、高效。此外，体育教学设计的创新可为学生创新意识和创造能力的发展营造氛围、设计空间。

体育教学设计的创新性原则要求体育教师必须具备一定的创新性思维，只有这样体育教师才能设计出创新的体育教学方案。

## 四、体育教学设计的背景分析

### （一）体育学习需要的分析

#### 1. 分析方法

针对体育学习需要的分析主要有两种方法，即内部参照分析法和外部参照分析法，具体介绍如下。

（1）内部参照分析法

内部参照分析法是将制订的体育教学目标与学生体育学习现状做比较，进而找出差距的一种分析方法。

（2）外部参照分析法

外部参照分析法是以社会对学生的期望值为标准来衡量学生的学习现状，进而找出差距的一种方法。

在具体的体育教学活动中，包括体育教师在内的体育教学设计者可以结合具体的实际情况合理选择其中的一种进行分析。

#### 2. 分析步骤

现代高校体育教学中，体育教学设计者对大学生体育学习需要的分析需要按照以下两个步骤进行。

第一步：确定体育教学期望。教学期望即教学目标，需要体育教学设计者根据体育教学的目标和体育课的类型来确定。

第二步：确定体育学习现状。体育学习现状主要是指学生掌握的知识、技能，学习态度，技术水平，等等。学生学习现状的分析可通过观察、测量、评价等方法进行。

### （二）体育学习任务的分析

在高校体育教学中，大学生体育学习任务的分析能很好地帮助体育教学设计者分析体育教学的任务，进而更好地制订教学计划。

#### 1. 分析方法

当前，针对大学生体育学习任务分析的方法有很多，其中主要有归类分析法、层级分析法、信息加工分析法等，具体介绍如下。

（1）归类分析法

归类分析法是将与体育教学目标有关的教学内容进行科学的分类，以便形成有意义的知识结构的方法。该方法能很好地帮助体育教师分析体育学习任务。在体育教学活动中，归类分析法适合陈述性知识的学习任务分析。

以武术基本功的教学为例（图 6-1），体育教师可以先把学生应学习的所有体育事实、概念、原理等分别列举出来，然后分层次地组织和安排教学内容，并结合教学实际进行调整和修正。

图 6-1　归类分析法在武术基本功教学中的运用

（2）层级分析法

层级分析法是将不同层次的从属体育知识和技能进行分析，使之分别符合体育教学目标的方法。该方法能很好地帮助体育教师明确体育学习的内容，主要适用于智慧技能和动作技能的学习任务分析。

以篮球运动的行进间运球三步上篮教学为例（图 6-2），体育教师应充分考虑到学生完成行进间运球三步上篮的从属能力，再对从属能力应具备的下一级能力进行分析，层层递进，直到分析出学生的起点能力，然后从起点能力开始组织教学。

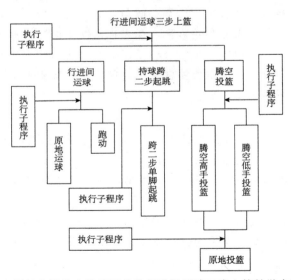

图 6-2　层级分析法在篮球运动的行进间运球三步上篮教学中的运用

（3）信息加工分析法

信息加工分析法对体育教师综合水平的要求较高，一般很少采用；但如果运用得当，能取得良好的教学效果。在具体的体育教学活动中，信息加工分析法适用于技能和态度类学习任务的分析。

### 2. 分析步骤

一般来说，对体育学习者学习任务的分析可以通过以下三个步骤进行。

第一步：确定学生的起点能力。体育教师在确定体育教学目标后，还要认真分析学生的起点能力，以免出现不良状况。体育教师如果发现学生在学习态度和知识、技能等方面存在问题，应及时调整教学进度、方法等，将体育教学纳入正确的轨道。

第二步：分析使能目标。学生从起点能力到终点能力（完成学习任务）的过程中需要掌握多项知识和技能（子技能），以基础知识和技能掌握为目标的教学目标被称为使能目标。在体育教学活动中，每一个下级水平的具体教学目标都是更高一级的教学目标的使能目标；每一个学期、单元、学时的体育教学目标都是其上层体育教学目标的使能目标。明确使能目标有助于体育教师更好地组织教学活动，保证教学效果。

第三步：分析学习任务完成的条件。学生完成体育学习任务除了需要必要条件（使能目标）外，还需要一些支持性条件（见表 6-1），体育教师在进行体育教学设计时要将这两个方面的条件因素考虑在内，以使教学方案符合教学实际和学生特点。

表 6-1　教学过程中五类学习任务的必要条件和支持性条件

| 学习任务类型 | 必要条件 | 支持性条件 |
| --- | --- | --- |
| 智慧技能 | 简单的智慧技能（规则、概念等） | 态度，认知策略，言语信息 |
| 认知策略 | 具体的智慧技能 | 智慧技能，言语信息，态度 |
| 言语信息 | 有意义组织的一系列信息 | 言语技能，认知策略，态度 |
| 态度 | 智慧技能；言语信息 | 其他态度，言语信息 |
| 动作技能 | 部分技能；程序性规则 | 态度，体能 |

## （三）体育教学内容的分析

### 1. 文化背景分析

目前，我国学校体育教材的内容大都是从体育运动素材中精选出来的，而每一种体育运动素材都有自己的发展历程，并且都是在一定的文化背景下产生和发展的。因此，分析体育教材内容产生和发展的文化背景，有助于体育教师提高自身的综合素质，将自己的能力充分应用于体育教学之中，在教学实践中对学生产生潜移默化的影响。

### 2. 优缺点分析

作为体育教学活动的主导者，体育教师对学生起着重要的指导作用。体育教材是教学活动开展的保证，体育教师只有全面了解和掌握体育教材的内容，才能设计出有效的体育教学方案，更好地组织整个教学过程。这需要体育教师做好以下两个方面的工作：一方面，体育教师应充分认识到教材内容的优点，认识到体育教材的内容要有利于学生的体能发展、有利于组织教学等；另一方面，体育教师应认真分析体育教材的局限性，找出教材的缺点和不足，以便进一步改进教材或合理选用教材内容。

### 3. 功能性分析

作为高校体育教学活动的重要文化形式和载体，体育教材对体育教学活动具有重要的指导作用。因此，深入、全面地分析体育教材的潜在功能以及这些功能的运行环境和条件，有助于体育教师更好地把握教学过程，进而实现体育教学的目标。具体来讲，分析体育教材的功能主要应从五个方面入手，即运动参与、运动技能、身体健康、心理健康以及社会适应。

### 4. 适应性分析

教材内容是体育教学的重要参考，不可能适应所有教师和学生，再加上选编和出版过程中的一些不足，教材内容本身并不是完美的，存在着一定的局限性，这是不可避免的。在这样的情况下，必须要有特定的体育教学环境予以配合，以满足学生的体育需求。因此，在体育教学中，体育教师不仅要充分考虑体育场地、体育器材、气候条件、教学手段等基本条件对体育教学过程的影响，还要充分考虑体育教材是否符合学生的体育需求和发展需要。

### 5. 时代性分析

高校体育教学的目标是培养适应现代社会发展的高素质优秀人才，在体育教学中，体育教材应与现时社会相适应，体现出一定的时代性特征，培养符合社会发展需要的体育人才。现阶段，一些新兴体育项目的出现满足了青少年的心理需求和运动需求，比较符合现时的文化氛围，因此体育教师可选择此类教学内容进行教学，以吸引更多的学生参与其中，提高学生学习体育的积极性和主动性。

## （四）体育学习者的分析

### 1. 一般特征分析

（1）生理特点分析

体育教学的形式非常特殊，它对学习者的生理方面具有较高的要求，不仅要求学习者具有正常的身体形态和正常的各器官系统机能，还要求学习者具备基本的运动能力。人的生长发育都要遵循一定的规律，因此对体育学习者的生理特点分析应结合学习者的生长发育规律和身体素质的年龄阶段发展规律进行。

（2）心理特点分析

分析体育学习者的心理特点，有助于体育教师组织教学过程、提高教学质量。具体来说，体育教师应该从体育学习者的个性发展特征、情感和情绪特征、注意力和意志的发展特征、思维特征等方面分析其心理特点。

（3）社会特点分析

体育学习的过程是学习者体验不同角色、逐渐社会化的过程，这一过程给学习者提供了较好的社会模拟场景，需要学习者扮演不同的角色并参与其中。体育学习者正是在其中得到社会化锻炼，增强了自己的社会适应能力。在现代体育教学中，体育教师应从人际交往特点、社会行为特点、社会角色意识、团队精神和竞争意识等多方面分析学生的社会特点。

### 2. 学习风格分析

（1）信息加工风格

这主要是指分析学生喜欢体育教师运用什么方法进行教学，喜欢体育教师运用何种训练手段进行训练，喜欢什么样的学习节奏，等等。

（2）感知感官

不同学习者在感知信息时所使用的感官不同。例如，有的学生喜欢通过动态视觉刺激学习（看示范），有的学生则喜欢通过听觉刺激学习（听讲解、录音），还有的学生喜欢通过本体感觉（阻力、助力）学习等。体育教师要根据具体教学实际合理选择。

（3）情感需求

这主要包括分析大学生的情感需要更侧重于哪些方面。例如，有的学生需要经常受到鼓励和安慰，有的学生需要在教学中获得兴奋和满足，有的学生需要得到教师的认可，有的学生需要受到同学的尊重等。

（4）社会性需求

不同学习者在学习中的社会性需求主要包括：需要得到同学的赞同、尊重和包容，与同学一起交流和学习，建立良好的人际关系，在体育教学活动中学会遵守体育道德、社会公德及各种社会行为规范。

3. 起点能力分析

在体育教学设计中，准确确定体育学习者的起点能力，有利于制订出符合实际的教学计划，从而促进教学水平的提高。学生的起点能力包括以下四个方面：一是学生的身体机能、身体素质、健康状况等；二是学生的基本知识及技能；三是学生的体育目标知识和技能，如学生是否掌握了体育教学目标中要求的体育知识与技能等；四是学生的体育学习态度，了解学生是否存在着偏爱和讨厌等心理现象。

# 五、体育教学设计的发展

（一）体育教学设计的发展要点

1. 体育教学设计遵循"以人为本"的原则

"以人为本"作为体育教学的原则之一，不仅对体育教学活动起到作用，还对与体育教学相关的一切事物有指导作用，体育教学设计也是其中一项。

遵循以人为本原则开展的体育教学设计工作必定会在设计中关注人文精神在体育教学中的存在意义，使得体育教学不仅仅是一个领域的知识或技能的培养这么简单，而是培养人的良好生活习惯和健全的人格的教育行为。

过于注重传授体育知识或技能的教学设计不免太过简单粗暴，是一种"重教轻育"的行为。体育育人的关键在于"育"，而学习运动技术或知识只是育人的一个载体。因此，体育教育工作者应坚持"以学生为本"的教育理念，在课堂教学中多引入丰富多彩的群众体育形式，不断丰富大学体育课程的教学资源，致力于构建以"运动计划能力"和"身体素质"为核心的体育课程评价指标体系，不断促进大学体育教学的发展。

2. 在体育教学设计中加入现代教育技术

时至今日，社会已经进入信息时代，支撑信息传输的媒介就是电子计算机和互联网，凭此契机，多媒体技术的发展也日新月异。这些技术手段的不断翻新为体育课程的教学设计提供了强有力的技术支持，为体育教学工作注入了新的活力。

现代教育技术在体育教学设计中的应用主要体现在辅助和支持作用上，以此为学生自主学习体育课程、进行个性化发展搭建网络信息平台。多媒体教室的建立以及将便携的多媒体终端带到各种教学场所，更展现了现代教育技术在实践中较强的适应能力。另外，体育教师紧随潮流，不断学习，掌握多媒体设备和软件制作等能力，制作并利用生动有趣的、个性化的课件对学生进行理论知识的讲授，结合模拟运动教学，丰富体育课程的教学方法。

### 3. 体育教学设计要注重对学生终身教育意识的培养

终身教育是现代体育教学的目标之一，这一目标符合素质教育的要求。因此，在体育教学设计中要将终身体育的培养理念融入进来，使学生清楚地知道一个健康的身体对人的一生的重要意义。

## (二) 体育教学设计的发展趋势

体育教学设计处在不断的发展之中，国内外教育领域均对此有较多关注。纵观现代体育教学设计的现状与发展方向，可以预见未来体育教学设计的发展趋势，具体如下。

### 1. 教学设计越发注重跨学科研究与跨领域应用

现代的学科研究几乎不存在单一领域单一研究的情况了，更多的是相关多领域的合作研究。这种跨学科共同研究的现象也出现在体育教学设计的研究中。

目前，人们对于体育教学设计研究的关注点在于当代的学习理论本体论和认识论基础完全不同于传统教学设计的客观主义基础，使得在对以人为本的教学理念的研究中更加关注问题始发、项目始发以及探究式的学习环境，还有认知学徒方式、建构主义学习环境、基于目标的情境等。

除跨学科研究外，体育教学设计的应用范围也更加广阔。例如，在信息技术领域的应用，在体育教学设计的过程，有效运用信息技术，可以让先进的技术手段与体育学习内容有机地融合在一起，让学习内容能够更好地契合学生的学习兴趣，从更大程度上提升教学效果。

### 2. 教学设计越发注重技术与教育理念的结合

技术与理念之间是相辅相成的关系，两者互相促进。对体育教学设计来说也是如此，如若没有先进的技术，教育理论很难被推动前行，而教育理论若发展到一定高度，势必会带动相应的技术发展。

至此可以看出，教学设计的变化来自技术对教学内容和方法的影响。在此情况下，教学设计如果没有达到特定程度，技术就不会在本质上自动改进教育。一些有魅力的技术应用拓展了可以呈现的问题本质和可以被评估的知识与认知进程。技术提供的新能力包括了直接跟踪和支撑问题解决技能、建模和模拟复杂推理任务等。除此之外，技术还可以对概念组织和学生知识结构的其他方面进行数据收集，使得他们参与讨论和小组项目的表征成为可能。这些都是教学设计开始逐渐注重技术与教学理念结合的发展趋势的表现。

### 3. 教学设计越发注重对学习环境的构建

学习环境是开展教学活动的另类载体。学习环境包括有形体育教学环境和无形体育教学环境。有形体育教学环境包括有形场地、体育器材等，无形体育教学环境包括体育教学软实力、教学氛围以及校园体育文化等。现代教育学认为学习已经不再像过往那样单纯是对知识的传输或接受的过程，而是已经将学习的行为认定为需要有强大的意志性、意图性、自主性的建构实践。知识和技能的获得需要在个体运用知识和技能的情境中得到，因此，为了获得所需知识或技能，就需要为这一目标创建相应的环境。

### 4. 教学设计越发注重评估理念和方法

教学理念是指导教学行为的基础，而教学方法是实现教学目标的途径。因此，这两个因素必定是未来教学设计要关注的重点，进而对于教学设计的评估也要关注好对这些内容的评估。

具体来说，教学设计将会把个体差异的分析、社会文化差异的分析、对学生学习需求的分析、信息和方法的结构分析作为评估的重要内容，将信息技术做为评估工具。评估需要超越对局部技能和离散的知识点的关注，而要把推动学生进步的更复杂的方面包含进来，具体方面主要为对元素认知的评估、对实践和反馈的评估、对情境与迁移的评估、对社会文化大环境的评估等。

# 第二节　高校体育教学目标设计

## 一、体育教学目标概述

体育教学目标是通过对体育教学任务和体育教学目的的分析、归纳、总结而制订的一种较为完善的教学工作计划，是教学过程中教师努力的方向和所预期达到的教学成果，体育教学目标强调的是教学目的和教学任务的阶段性、在教学的过程中各个阶段的任务和预期效果以及最后完成的效果。

体育教学目标对体育教学过程的设计具有导向性作用，根据教育目标分类的对象和应遵循的原则，可以将教学目标分成认知、情感和动作技能三大领域，各领域又可细分为多个层次（见表 6-2～表 6-4）。

表 6-2　认知领域的体育教学目标

| 层次 | 一般目标举例 | 行为动词 |
| --- | --- | --- |
| 知识 | 知道体育名词和基本概念 | 界定、描述、指出、列举、选择、说明 |
| 领会 | 理解动作要领和有关知识 | 区别、估计、解释、归纳、猜测 |
| 应用 | 应用概念及原理于新情况，应用定律及学说于实际情况 | 改变、计算、示范、发现、操作、解答 |
| 分析 | 评鉴资料的相关性 | 关联、选择、细述理由、分辨好坏 |
| 综合 | 写出一组完善的动作要领 | 联合、创造、归纳、组成、重建、总结 |
| 评价 | 运用内在材料、外在标准评判所学内容的价值 | 鉴别、比较、结论、对比、检讨、证明 |

表 6-3　情感领域的体育教学目标

| 层次 | 一般目标举例 | 行为动词 |
| --- | --- | --- |
| 接受 | 注意听讲<br>显示已了解学习的重要<br>显示对体育的敏感性并参与体育 | 把握、发问、描述、命名、点出 |
| 反应 | 完成规定练习<br>遵守学校规则<br>参与课上讨论<br>显示对体育课的兴趣 | 标明、表现、遵守、讨论、呈现、帮助 |

表 6-4　动作技能领域的体育教学目标

| 层次 | 一般目标举例 | 行为动词 |
|---|---|---|
| 知觉 | 口述器械名称、复诵动作要领 | 描述、抄写、理解、解释 |
| 定式 | 评量身体的起始动作、调查反应的意愿 | 选择、建立 |
| 指导下的反应 | 描述教师的示范动作并正确模仿 | 制作、复制、混合、建立 |
| 机制 | 正确、熟练地做出技术动作 | 操作、练习、变换、修理 |
| 复杂的外显反应 | 完成精确的技术动作<br>演示复杂的技术动作<br>完成一套连贯的技术动作 | 组合、修缮、专精、解决 |
| 适应 | 迅速有效地掌握新动作<br>根据已知编制技术动作 | 改正、计算、示范 |
| 创作 | 改良动作技术、发现新的练习方法、创造新的表演方法 | 设计、编辑、创造、发展 |

# 二、高校体育教学目标设计分析

## (一) 高校体育教学目标设计原则

### 1. 科学性原则

体育教学应遵循体育教学规律，高校体育教学目标设计也应遵循体育规律、教学规律、体育教学特点等。

### 2. 系统性原则

系统论是教学设计的核心理论基础，高校体育教学设计过程中，必须重视体育教学系统各子系统的有机结合，以保证体育教学系统的完整性和不断发展完善。体育教学目标是由若干个具体目标组成的完整系统，具体目标之间纵横有序、层次分明，教学设计过程中应注意正确处理各教学目标之间的关系，为实现教学总目标服务。

### 3. 准确性原则

高校体育教学目标的描述应是准确的，应能正确表述目标内容，以免教学设计过程中对教学目标理解有误，导致教学目标实现过程中产生偏差。

### 4. 灵活性原则

体育教学目标的设计只是一种构想，而体育教学实际情况是复杂多变的，体育教学目标具有多元化特点，教学设计者应根据高校体育教学实际情况灵活编制，也可以由师生根据体育教学实际情况灵活编制，其内容和水平可以有一定的弹性，留有调控余地。

### 5. 发展性原则

高校体育教学目标的设计既要着眼于现有教学实际，又要放眼未来，为学生进入下一阶段的体育学习奠定基础，促进学生的可持续发展。

## （二）高校体育教学目标设计程序

### 1．分析教学对象

设计者应分析体育学习者的学习需要、一般特点、起始能力和学习风格等，找出体育教学中出现的问题及其解决办法，确定学习者现状和目标之间的差距。在高校体育教学目标设计中，设计者应重视对已发现和分析的学习差距的弥补。

### 2．分析教材内容

设计者应分析并确定高校体育教学内容的范围、深度、特点、功能，并明确各体育教学内容之间的关系，使教材内容更好地为实现教学目标服务。

### 3．编写教学目标

一个完整的、明确的体育教学目标应包括教学对象、学生的体育行为、确定行为的条件及程度四个部分。

### 4．明确表述教学目标

设计者对高校体育教学目标的表述要尽可能用明确的语言，对单元教学目标的陈述要尽可能详细、具体。设计者要通过体育教学目标的设计，使学生明确要学习的内容和应该达到的水平，便于学习者互评和自评。

# 第三节　高校体育教学过程设计

## 一、体育教学过程概述

体育教学过程，具体来说是体育教师根据一定社会要求和学生特点，指导学生有目的、有计划地掌握学科知识和技能，实现身心全面发展的过程。

具体来说，体育教学过程的含义如下：

（1）体育教学过程是体育教师的"教"和学生的"学"组成的双边活动过程。

（2）体育教学过程是一个动态过程，体育教学过程会受到各种内在与外在、主观与客观因素的影响。

（3）体育教学过程是师生以身体练习为重要媒介的交往实践过程。

## 二、高校体育教学过程设计分析

高校体育教学过程设计就是按照现代系统论的观点，把高校体育教学各环节的设计进行优化组合，为最佳体育教学方案提供了思路。

### （一）高校体育教学过程的设计原则

#### 1．主导性原则

整个高校体育教学过程中，体育教师起着主导作用。传统的体育教学过程中，体育教师的主要任务是讲解传授知识，更多地表现为对教学过程的"主宰"。随着现代科学技术在课堂教学中的应用以及课堂教学改革的不断深入，体育教师除了进行信息加工、讲解内容之外，最关键的是要在课堂教学中起主导作用。需注意的是，"主导"不同于"主宰"，体育教师在体育教学过程中不是单纯灌输知识，而是对学生进行正确、合理的引导，使学生掌握知识内容。

**2. 主体性原则**

学生是体育教学的主体，在高校体育教学中发挥着十分重要的作用。对于体育教学来说，体育教师应充分尊重学生，结合学生的特点来安排具体的教学内容、教学方法、教学媒体，整个教学过程安排应符合学生的认知规律和学习特征。

在体育教学过程中，体育教师应注重对学生学习兴趣的激发，通过合理的教学安排充分发挥学生的学习积极性，让他们有更多的课堂参与机会，促进师生有效沟通交流，使他们不仅"学会"，而且"会学"。

**3. 规律性原则**

体育教学过程设计的规律性原则，简单来说，就是体育教学过程设计应符合高校体育教学的一般规律。

体育教师应在遵循体育规律、教学规律、学生认知规律等基础上合理安排教学过程。体育教学中，学生作为教学主体，体育教师应尊重学生的学习认知规律。在高校体育教学过程设计中，只有符合学生的认知要求，才能获得有效的教学效果。

**4. 方法性原则**

方法性原则要求体育教学过程设计重视体育教学方法的科学安排，关注不同的体育教学方法的选用可能产生的不同的教学效果。因此，在高校体育教学过程的设计中，设计者应有选择地对体育教学方法进行取舍，选取最适合教学内容表达、更容易被学生接受和激发学生兴趣的教学方法，如此才能充分发挥相应的体育教学方法的促进作用，也才能促进各个体育教学活动环节的顺利开展，实现良好的体育教学效果。

此外，对于体育教学过程设计，设计者应考虑整个教学系统构成，应该结合体育学科特点和学习内容、教学目标、学生特点及选用媒体的特点选择相应的体育教学方法。

**5. 媒体优化原则**

科学应用体育教学媒体对高校体育教学过程的顺利开展和良好教学效果的实现具有非常重要的作用，因此体育教师在设计教学的过程中，应注意体育教学媒体的使用及其优化。

在现代化体育教学实践中，由于任何一种体育教学媒体都不足以支撑整个体育教学过程，体育教师要考虑各种媒体的优化组合。不同的体育教学媒体在体育教学中发挥着不同的作用，在功能上可实现互补，这就像人体各部分器官虽然分工明确，各司其职，但又是为一个整体服务，教学媒体系统功能的充分发挥也是通过多种媒体组合后形成的优化结构来实现的。在体育教学过程设计中，体育教师应灵活运用各教学媒体，使各教学媒体各施所长，互为补充，相辅相成，共同促进整个体育教学过程的优化，促使教师的"教"和学生的"学"都能顺利完成。

## （二）高校体育教学过程设计的表现形式

目前，在高校体育教学中，对体育教学过程的设计主要有以下三种表现形式。

## 1．练习型

整个体育教学过程以学生的身体练习为主。教学中，体育教师的示范和教学媒体的内容展示，为学生提供运动动作的路线、结构、动作要领等，帮助学生理解具体的技术动作，体育教师通过真实的学生身体练习发现问题，进行纠正，学生再练习，最后体育教师对学生的动作技术掌握程度进行评价并提出改进意见。

## 2．示范型

示范教学法同样是以身体活动为主要形式的教学过程设计与组织，在运动类的体育教材内容中，示范是高校体育教学过程设计的必要手段和重要途径。与重在"练习"的教学过程不同的是，示范型体育教学过程设计在"示范"上花费的时间和精力是非常多的，这种教学过程设计通常用于复杂的体育运动技能学习的前一次课中。

## 3．探究发现型

探究发现型主要适用于在高校体育教学中组织学生观察、思考、探究原因、寻找规律等，如某次体育教学课的主要教学任务是对某一动作技能的结构或原理的认知、理解、掌握，教学过程中的探究设计，可有效激发学生学习的主动性，培养学生发现问题、探究问题、解决问题的能力。

# 第四节　高校体育教学媒体设计

## 一、体育教学媒体概述

体育教学媒体指的是载有体育教学信息，连接教授者与学习者，用来传递体育教学信息的物体、中介物及工具。

常见体育教学媒体的分类见表 6-5。

**表 6-5　体育教学媒体的分类**

| 分类依据 | 类别与内容 |
|---|---|
| 发展先后 | 传统教学媒体 |
| | 现代教学媒体 |
| 物理性能 | 光学投影类媒体 |
| | 电声类媒体 |
| | 电视类媒体 |
| | 计算机类媒体 |
| 感官通道 | 视觉型媒体 |
| | 听觉型媒体 |
| | 视听型媒体 |
| | 综合媒体 |

## 二、高校体育教学媒体的选择

### (一) 高校选择体育教学媒体需考虑的要素

体育教学媒体有多种类型，不同的体育教学媒体有不同的性能。对这些媒体进行选择时，高校体育教师需对教学目标、教学内容、学生情况、学校教学条件等情况进行综合考虑，要保证所选媒体具有可行性、便利性、适用性、可得性，且具有提高教学效果的作用。

总之，高校选择体育教学媒体时需要考虑图 6-3 所示的要素。

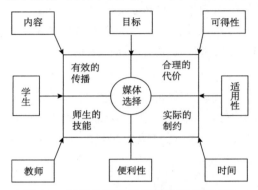

图 6-3　选择体育教学媒体需考虑的要素

### (二) 高校体育教学媒体的选择程序

构建体育教学媒体的选择程序，高校体育教师需从以下几方面考虑：

(1) 分析体育教学目标、体育教材、学生特征，最终将必须由媒体来表现的教学内容确定下来。

(2) 明确可以表现既定体育教学内容的教学媒体有哪些（主要考虑媒体的性能和功能）。

(3) 进行最佳媒体的确定。最佳是指综合指数最高，而非单指表现力最佳。

(4) 从教学的整体设计出发，将具体的教学环节、步骤、表现不同教学内容的不同媒体等确定下来，然后在教学流程中整合这些媒体。

(5) 根据流程图将注意力集中到一个或几个合适的媒体上，然后继续进行最佳选择，此时要对媒体获得的可能性、使用的便利性等特点进行考虑。

从以上几方面出发，可以得出高校体育教学媒体选择的一般程序，如图 6-4 所示。

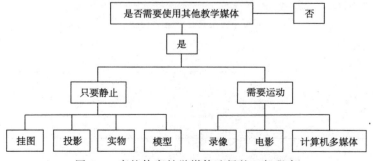

图 6-4　高校体育教学媒体选择的一般程序

---

### 三、高校体育教学媒体的运用

从高校体育教学的实践中发现，体育教学媒体的运用有三种基本模式，分别是直接式、辅助式和循环式。第一种主要用于实践课教学，第二种对理论课和实践课的教学都适用，第三种适用于自主学习和程序化教学。

#### （一）直接式运用模式

高校体育教学媒体的直接式运用模式如图 6-5 所示。

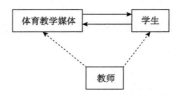

图 6-5　高校体育教学媒体的直接式运用模式

在这种模式中，学生通过教学媒体来学习运动技能，选用的教学媒体主要是计算机辅助学习软件 CAI（计算机辅助教学），运用该媒介除了可以学习运动技能外，还可以学习其他体育知识。体育教师在这一过程中的主要作用是指导学生，调控学生的学习与练习。直接式运用模式又包括以下两种程序教学法。

##### 1. 直线式

直线式（图 6-6）指按照一定的逻辑关系把教材分成一些小单元，学生逐步学习每个单元的内容、解答每个单元的问题。学生学完一个单元并解答问题后，学习软件呈现出问题的正确答案，学生对照答案判断自己的回答是否正确，依次进行。

图 6-6　直线式

##### 2. 分支式

分支式（图 6-7）指按照一定的逻辑关系将教材分成若干较大的单元，每个单元的题型以选择题为主，学生只有答对了才能继续学习后面的内容，否则就要先学习导入的一个分支程序，学完后继续选答前面出错的问题，直到答对才可学习下一个单元。

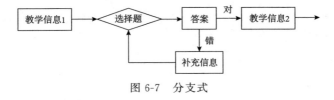

图 6-7　分支式

#### （二）辅助式运用模式

高校体育教学媒体的辅助式运用模式如图 6-8 所示。

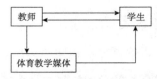

图 6-8　高校体育教学媒体的辅助式运用模式

在这种模式中，体育教师通过现代体育教学媒体传递内容信息，并及时收集反馈信息。在体育教学中，这种模式是作为辅助教学手段出现的，常用的方式有以下两种。

1. 演播法

体育教师在体育教学尤其是在体育理论课教学中，通过现代教学媒体来演示文字和图像、播放录音和录像，将教学信息传达给学生，然后进行相应的讲解和引导，这就是演播法。

演播法的实施步骤如下。①提示：注意语言要简练，抓重点。②播放：配合讲解。③讨论：学生分组讨论。④小结：应简短。

2. 插播法

体育教师边讲解边穿插播放相关音像教材片段，使学生获得感性认识、集中注意力，这就是插播法。插播法的实施步骤如下。①讲解：语言精练，详略得当。②播放：把握好时机，适时播放。③讲解：配合播放内容讲解，使学生更有目的地看与听。④播放：可以重复播放，可以动态慢放，也可以静态观察。⑤讨论：小组讨论。⑥小结：简短、概括、有效。

（三）循环式运用模式

高校体育教学媒体的循环式运用模式如图 6-9 所示，一般适用于个别化教学和网络教学中。

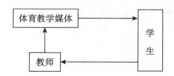

图 6-9　高校体育教学媒体的循环式运用模式

在这种模式中，学生借助教学媒体进行独立自主的学习，其与体育教师基本没有正面接触。体育教师对学生的学习效果进行检查与评价时，主要采用技能测试、作业检查等方式；评价后对教学内容及时进行调整，使学生取得更大的进步。

## 四、高校体育教学课件的设计

### （一）体育教学课件的概念

体育教学课件指的是以体育教学的目标、特点和内容为依据，结合计算机多媒体技术而专门设计的辅助体育教学的软件。[①]

---

[①]　冬晓东，刘铁．体育教学设计与实践［M］．沈阳：东北大学出版社，2009．

（二）高校体育教学课件的制作与运用

1. 高校体育教学课件的制作

体育教学课件的制作要符合高校体育教学规律、符合学生的认识学习规律、符合体育教学实际。在制作中，先制订制作计划，再设计课件内容与结构。内容必须是健康的，具有时代性、科学性、正确性，必须是对培养学生的综合素质有益的；结构必须有清晰的层次、突出的重点及合理的搭配。

2. 高校体育教学课件的运用

体育教学课件是高校体育教学的辅助教学手段，体育教师在教学中要合理运用，根据教学需要选择恰当的课件，具体运用中要注意以下几点：

首先，虽然体育教学课件具有很多优势，但坚决不能用其来代替传统教学方式，如讲解、示范、讨论等，一方面，要发挥课件的优势；另一方面，也要将传统教学中的精华内容及方法保留好。

其次，多媒体课件应与挂图、模型、投影等直观教具以及其他演示方式兼容。

最后，体育教师要能熟练使用多媒体教学软件，并具有独立制作课件的能力。

# 第七章 高校体育云课堂教学设计研究

## 第一节 云课堂概述

### 一、云课堂的构建与应用

#### (一) 云课堂的基本概念与特点

"云课堂"这个词在当今社会已经不陌生了。云计算的广泛应用让人们对互联网技术有了一定印象。云课堂就是在云计算的基础上,加入了自身的教育课程,即教学内容与云计算技术的融合形成了云课堂。概括来说,云课堂就是通过互联网技术形成的网上教学模式以及在传统教学当中通过互联网技术进行的课堂教学。云课堂具有同云计算技术一样的高效性和便捷性。与传统的课堂相比,云课堂具有高互动性和时效性。云课堂集合了教育教学当中所有的教材内容,也集合了与课程相关的所有课件、音频、视频等数据,并且可以根据学生平时关注的一些新闻进行信息推送;同时集合了教师评价系统和学生签到系统。云课堂完全以学生的体验和学习为中心,让学生既可以通过云课堂进行实时听讲,也可以通过云课堂参加实践活动,还可以与其他同学进行协作、互相讨论。云课堂特点如下。

1. 永不下课的课堂,重点难点在线解决

云课堂无论形式上还是实质都是完全以学生为主的平台。在以学生为主的基础上,云课堂也为教师提供了很大的便利。教师可以通过云平台来布置课前、课中和课后的任务,包括发布考试考点等。云课堂既方便了学生复习,也方便了教师教学,减少了很多不必要的工作环节,省时、省力。

2. 在线问答、在线学习、在线考试

云课堂不仅在课堂中调动了学生的积极性,在课程结束后,教师也可以及时布置任务,还可以及时看到学生的完成情况,为学生在线答疑。一方面,这一模式提高了学生的学习热情,增强了学生主动学习的意识;另一方面,这一模式提高了教师的工作效率和教学效果。

3. 单一学习到多样学习的转变

在传统课堂中,每个学生都只能接触一个专业学科,不易学习更多学科的知识;而在云课堂平台,学生只要喜欢自主学习,就可以系统地学习任何学科的知识,这极大地扩展了学生学习的广度和深度。学生只要通过云课堂平台轻轻一搜,便可以搜索到任何自己喜欢的学科内容,并且可以进行同步学习和在线问答。这样的云课堂解决了以往有些学校因授课条件限制不能为学生提供双学位修习机会的困扰,为学生创造了更广泛的学习机会,得到了学生的一致好评。此外,云课堂上还有兴趣小组,学生找到志同道合的学习伙伴就可以每天互相讨论,这既有利于增强其交际能力,也有利于其对知识进行完整、系统的学习。同时,云课堂上还有专业课程的教师与学生进行交流，更让学生有了学习的动力。

（二）云课堂环境的构建

**1. 构建基础架构云平台**

成功构建基础架构云平台的基础在于信息技术的发展。在之前传统的互联网中是无法构建这样的云平台的。随着信息技术的发展和设备的完善，这样的云平台教育系统被研发出来，让云平台既具有了信息技术的便捷性，也具有了教育内容的权威性。IT（Internet Technology）数据为云平台的打造提供了充分的基础和技术信息。

**2. 云教室、云实训室的建设**

和传统的电脑教室相比，信息系统和教学资源都储存在云端，这就相当于将所有资料都集中在了一个中转站中。和传统的将资料储存在电脑中相比，这种储存资源的空间更大了，更方便教师找到这些资料。将所有的信息系统和教学资源都存储在云端是目前云计算和教育融合的成果，在这个融合过程中就形成了云教室和云实训室。云教室和云实训室也为师生提供了一个线上的课堂平台，在创新了教学方式的同时，可以让教师通过线上平台与学生进行实时在线问答。学校不需要花费太多的人力去调度课程，只需要在云课堂平台上发布通知，让学生来观看即可。学生还可以随时与教师进行交流。云教室和云实训室为师生之间的深度互动提供全面服务，具备很高的性价比，既节省了时间，也更加人性化。云教室和云实训室为师生关系和课堂教学提供了一个新的发展机会和发展方向，使教育不断呈现多元化走势。

**3. 智慧教室的建设**

智慧教室是教室空间和软硬件的总和。在云计算、大数据等信息技术下的教室信息化建设，呈现出的最新形态就是智慧教室。智慧教室为师生提供了全面的智能化服务以及全面的教学活动设置和应用。智慧教室的目的是达到优化的教学效果。

智慧教室系统通过高清的录播系统把一堂课的教学过程同步到云课堂中，支持学生实时观看和视频回放观看。线上的学生可以看到全面、清晰的镜头，不会漏掉教学过程中的每个细节。智慧教室可以根据学生的观看需求，任意缩小和放大画面，保证了学生观看的方便性。

同时，智慧教室有丰富的教学资源供教师参考，为教师高质量 PPT 的制作提供了便利。在应用中，学生可以快速访问，感受它的便捷性和广泛性，智慧教室做到了真正以服务学生为主，并将网络技术与教育真正融为一体。

（三）"云课堂"的应用

关于云课堂的应用，笔者结合目前教育借助云计算的改革以及新型教学模式等，总结出以下几个方面。

**1. 云课堂在计算机基础教学中的应用**

计算机基础课程是高校（非计算机专业）中的必修课，也是计算机的入门课程。目前随着教育的深化改革和教学师资力量的增强，众多高校将计算机基础课程全部都安排在云教室环境下进行教学。课程的教学知识点、各类练习题、考试题等都会由教师在云课堂上一一发布。教师通过云课堂进行讲解，通过云课堂观看所有学生的习题完成情况，并针对学生的完成情况进行讲解，解决了很多学生觉得计算机课程枯燥的问题。一边让学生动手做、一边由教师进行讲解，能够提高学生的学习效率，使教学目标更容易实现、教学效果更显著。如果学生课上没有听懂课程，在课下可以看云课堂上的教学内容，并且会有对应的习题演示，这样更加方便学生学习。同时，教师可以在班级内增加讨论组，让学生就一些难题互相讨论，增进学生之间的交流，培养学生团结协作的精神。在云课堂中，学生有不会的问题可以直接请教教师，这加强了学生与教师的沟通。有了良好的沟通，在实体课堂中，教学氛围就会变得更加融洽，学生的学习信心也更足。

**2. 云课堂在仿真、模拟教学中的应用**

许多高校都会安排很多实践活动，云课堂为学生开创了另一种实践方式。学生可以在云课堂的仿真软件中真实操作，这样既节省了场地，也避免了学生经常往返于各个实习地点。学生很容易适应这样的技术学习，效果也更好。这些教学仿真模拟器都集中在云课堂上，所以学生在云课堂的桌面上可以通过登录模拟软件系统进行操作，方便快捷。教师更能清楚地观察学生在实践中的表现以及出现的问题，在课后可以随时与学生交流，教导学生及时改正一些缺点，使学生真正拥有良好的技术。一些高校学生在考专业证书时，也许之前会因为大家都挤在一个场地学习而耗费很多排队的时间，现在有了这样便利的软件，就不会再出现这样的情况了。学生通过云系统来练习，既避免了等位耗费的时间，也避免了一些学生在看到同学等位时，心里出现紧迫感的情况。云课堂帮助学生创造了更多的实践机会，也让学生做了更多的职场心理建设，有利于今后高校学生在社会生活中的发展。

**3. 云课堂在专业设计课程中的应用**

在专业设计课程中，学生在教师讲解时可以按下同步学习来记录教师的讲课过程。教师也可以在课上为学生布置一些设计内容，然后对学生进行点评。如果学生作品有需要改进的地方，教师可以让学生课下将改正的作品传到云课堂，之后教师再对其进行反馈。这样既能够更好地辅导学生，也增强了学生的学习热情。因为在传统课堂中，学生如果遇到不会的地方或者是感觉自己做得不好的地方，在课下很难有时间与教师交流和沟通，导致学生自己不明确改进方向，而云课堂解决了这个问题。学生的主观能动性得到了充分展现，教师的辅导和传授作用也得到了充分展现。教师和学生之间有了充分的交流，有了施教和受教的良好渠道和平台。

**4. 开发设计在线学习云平台**

无论云平台还是云课堂都可以让学生享受到线上学习的便利。云课堂为学生的自主线上学习做了详细设计，且不局限于本校的学习。云课堂将全国所有高校同一专业的教学内容包括名师授课、习题等视频和相关资料都整理在一起，以供学生在线观看。为了方便学生观看，并考虑到学生的经济状况，学生只要输入自己的学号就可登录查看，没有任何收费，完全无偿提供给学生最顶尖的一手专业资讯。学生可以通过任课教师的微信号、微信公众号向其提出问题，任课教师使用移动平台针对学生的问题给予指导，答疑解惑。

## 二、云课堂教学的内涵与四要素特征

### （一）云课堂教学内涵

云课堂教学平台是信息化教学的重要形式。移动终端成为云课堂教学平台的载体，服务于教师教学与学生日常的学习生活。云课堂教学平台具有强大的交互性，也就是说，学生对学习资源可以自由选择和任意阅览。教师通过交互性强和资源强大的平台，可以充分展示备课和优化教学设计。云计算技术和IPv6网络技术让云课堂教学平台打破了以往传统课堂受到时间和地点限制的壁垒，使云课堂教学平台的功能和服务都更加多样灵活，以此建立了一个不受时间和地点限制的空间课堂。传统课堂与线上云课堂的结合，形成了线上、线下相结合的创新教学模式。云课堂教学平台的技术开发让翻转课堂也开始广泛普及起来，翻转课堂让学生充分利用课余时间在云课堂教学平台上对教师安排的教学内容进行学习。如此一来，教师在课上的教学时间可以充分帮助学生深度理解知识，在课下时间也可以根据学生的个性和需求来对学生进行针对性辅导教学。有了信息技术的支持，云课堂教学变得更加丰富多样，也更加符合用户的需求，这不仅增加了用户与平台之间的黏性，也增加了教师与学生之间的交流和互动，推动了信息时代下教育的发展。

### （二）云课堂教学的四要素特征

信息时代教育改革的第一步就是改变当今教育系统的结构。也就是说，云课堂教学要改变传统教学系统中的四个要素的地位，使其具有如下特征。

#### 1. 教师：多元角色充分体现

教师是具有多元化角色的职业，同时被赋予了很多期望。整体来说，教师的多元角色包含了教师的实际角色和期待角色。随着信息时代的发展和教育的发展，信息时代下的云课堂教学逐步成为课堂教学不可分割的一部分，成为学生个性化学习、教师备课、师生交流的一个必不可少的工具。云课堂教学以其个性化的教学方式得到了普遍好评，也让教师的角色定义发生了改变，主要表现在以下方面。

首先，在教师的角色上，人们开始注重教师学习指导者和促进者的角色。学生在利用云课堂教学平台的教学视频进行自学的过程中，可能会遇到很多需要与教师沟通的问题，这就要求教师充分发挥学习指导者的作用，利用课下时间对学生进行耐心指导，加快学生养成自主学习的习惯。云课堂教学具有很强的互动性，教师需要充分运用云课堂教学的这一特性开展合作与探究学习的实践活动，不断激发学生的学习热情，指引学生的学习与合作方式，促使学生进行个性化学习。

其次，在教师的角色上，更强调教师作为学生线上学习心理辅导者的角色定位。云课堂教学不只对教师线上指导学习的角色提出了要求，也在对学生进行心理建设方面对教师提出了要求。因此，教师多了一种角色——学生线上学习心理辅导员。学生课前的预习、课中的练习以及课后的个性化学习都需要教师引导。教师要想让学生融入这样的虚拟课堂，就必须从心理上让学生接受，因此心理建设变得尤为重要。

最后，云课堂教学让教师还获得了另外一种角色，那就是校外声音倾听者。云课堂教学让教师不仅能够听到本校学生的反馈，也能听到一些来自校外学生的反馈或心声。教师在听到这些来自校外学生的反馈时，需要及时回应，因为帮助学生解决问题是教师义不容辞的责任。这样的共享和交流方式也为学术交流和教育发展提供了良好的土壤。

#### 2. 学生：学习方式个性化和终身化

随着社会的发展，教育者逐渐认识到素质教育的重要性，也意识到每个学生都有不同的认知方式，只有差异化教学才能让学生获得更好的发展，同时能够增强他们的创新能力。所以一直以来，教育工作者都在为个性化学习而努力。云课堂教学的出现改变了以往教育工作者在这方面探寻的艰难困境。云课堂教学真正从尊重学生个性化学习的角度出发，多元的服务模式和资源共享以及师生互动，都符合学生喜欢的个性化学习方式。比如，云课堂教学在知识呈现方式上灵活多变，充分适应了不同学生的信息加工习惯，丰富的视频资源增强了学生的学习动机，弹性化的学习步调更适合高校学生的学习。云课堂教学资源有利于学生拓宽学习空间，树立终身学习的观念。

### 3．教学内容：丰富和开放化

云课堂教学通过信息技术让课堂教学变得有趣，也让学科知识呈现的方式能够满足不同学生的需求，增强了学生个性化学习的建设。同时，云课堂教学平台的开放性更加有利于学生的个性化学习。此外，无论本校学生还是其他学校的学生，都可以通过这样的教学平台进行自主学习，这进一步推进了学科教育的发展。

### 4．教学媒体：辅助学生线上学习的功能凸显

第一，教学媒体可以辅助学生进行主体性学习。线下课堂，教师也可以运用云课堂教学平台对学生的学习进行辅助指导，增强学生的参与性。这样就实现了教师无论在线上还是在线下都可以对学生的学习进行辅导，并且在线辅助学生更加有助于学生自我教育意识的激发，提高学生的自我约束能力，促进学生的个性化学习。

第二，教学媒体为学生提供了多样化的学习体验。学生在运用云课堂教学平台时，可以体会到不同于传统课堂的感受。相较于传统课堂，云教学课堂获得了学生的广泛喜爱。流畅的界面和美观的设计，让学生感受到了极佳的用户体验。在云课堂教学平台方便、快捷的资源查阅功能也让学生更加喜欢自主学习，更容易让学生在云课堂教学平台中与其他人进行学习交流、提出自己的观点，促进了其个性化学习的发展。

第三，在云课堂教学中，教师可以充分利用云课堂教学平台的交互性特征，多多开展分组讨论和虚拟生活情境的实践学习，让学生感受到云课堂教学平台的现实性，防止学生出现过分依赖线上课堂而忽视线下课堂和实际生活的情况，帮助学生正视云课堂教学的作用和意义，正确运用这样的开放平台，避免一些心理问题的形成，改进学生对云课堂教学的认识。

## 三、云课堂教学与传统课堂教学目标关系的构建

### （一）云课堂教学与传统课堂教学目标的关联性

#### 1．学生与教学目标的关联性

云课堂教学的方式有两大阶段：一是课前自主学习阶段，二是课中合作探究学习阶段。如果教师不能够设置详细的教学目标，在教学过程中就很难实现理想的教学效果。所以在云课堂教学过程中，教师要充分以学生的需求为中心，结合学科的特点及社会实际来制订详细的教学方案。

#### 2．教师与教学目标的关联性

教学目标设计的优劣直接影响教学效果。教师作为教学设计的主体，要深刻理解与掌握学科的教学目标，仔细思考如何将这些教学目标通过系统的教学设计来实现。教学目标设计对教学效果起着指导性作用。尤其对云课堂教学效果来说，在课堂上，教师的教学目标设计以及教师对云课堂教学平台操作的掌握程度都直接影响着云课堂的教学效果。这就要求教师

具有更高的专业能力和对信息技术的掌握能力。只有这样，才能让云课堂的教学呈现出最好的效果。教师将课程目标完美地融入课堂教学设计是实现教学目标的关键。

### 3. 课程与教学目标的关联性

云课堂教学与课程之间必须有适切性，才能够发挥云课堂课程教学的作用。教师应该在学生通过云课堂教学平台学习之前，仔细查看学生所看内容是否符合教学内容，并且要注意把握课前学习的难易程度和学生的接受能力。在线下实体课堂中，教学内容要充分和课前学生所学习的内容相吻合，并在学生课前学习内容的基础上，加大学习内容的难度，让学生的自主学习效果得到提升，由此达到教学目的。

### （二）云课堂教学目标设计的现实困境

教育部出台的教育课程改革政策对高校教育提出了三点要求，即要求教育目标实现对学生进行知识与技能，过程与方法，以及情感、态度与价值观的教育。这三点成了教育目标的三元素，也明确了高校教师的教学理念，有利于避免很多教师出现定位不合理、设计不清晰的问题。然而，在教学目标设计和实际教学过程中难免出现难以执行的问题，其有以下两方面的原因：一方面，从教师的探究性上来说，很多教师都没有认真仔细探究课程标准和课程内容。这是出现上述问题的关键原因。课程标准对于教学目标的确定是关键的一环。教师无论在线上教学还是在线下教学中，如果没有仔细探究课程内容和课程标准，都无法完成教育目标的可行性教学方案设计。因此，教师在教学探究上的缺失和在细节上的忽略都是上述现象的一个原因。另一方面，教师不能准确把握课程的整体目标。教师对整体的课程目标把握太弱，没有大局观，就会导致课程目标设计难以执行。

## 四、云课堂教学的困境及实现路径

### （一）云课堂教学的现实困境

2010 年，《国家中长期教育改革和发展规划纲要（2010—2020 年）》对教育改革的发展做出了充分详细的规划。随着技术的发展和教师的不断努力，融合新技术的教育课堂频频在学校中进行试点。在实验阶段，教师和学生以及信息技术人员都面临着很大挑战。

### 1. 教师：从线下传统课堂教学到云课堂教学的转向困境

首先，对于教师来说，其面临的考验就是要跳出传统教学的思维，充分了解互联网，将传统的课堂教学转变为线上、线下相结合的教学方式。这对于一些不了解互联网的教师来说是一个新的考验。同时，云课堂刚刚上线，有大量问题需要教师在教学过程中不断地去发现、解决。在教学之前，教师需要对云课堂的所有功能和每个具体信息都有一个详细的了解。此外，云课堂的开展还需要教师花费更多的时间，这会占用教师很多课外时间，教师要习惯这样的节奏。

其次，教师自身要对云课堂的教学观念有一个积极的态度。要想让学生适应这种新颖的教学模式，并且积极加入这种新颖的教学模式中来，教师就必须对云课堂有一个积极的学习和使用态度。因此，教师改变以往传统的教学理念是关键。教师要想融入云课堂，就必须打破曾经熟悉的一些观念，习惯以学生为主体的云课堂教学模式。同时，教师在培养学生形成个性化学习能力之前，首先要将自己变成可以进行个性化学习的人。云课堂对教师学习新技术的能力也有考验。因为云课堂会涉及教师上传教学视频等工作内容，所以教师要充分学习，提前适应。

### 2. 学生：从现场学习到云课堂教学平台学习的转向难题

首先，对于学生来说，因为其对于网络并不陌生，对于网络媒体也能很好地适应，关键性问题在于学生的自制力不够。不论中小学生还是大学生，大部分学生都有自制力不强的弱点。所以单纯依靠云课堂来激发学生的自主学习是远远不够的。教师必须进行适当的指导和监督才能让云课堂起到真正的作用。在走访调查云课堂的作用的过程中，笔者发现，虽然学生很容易接受云课堂这样的教学形式，但是在没有教师的情况下，学生并不能够自主配合进行学习，甚至有的学生在没有教师监督时，会通过手机或者电脑进行其他娱乐活动。

其次，云课堂的虚拟性在学生长期的使用过程中，会造成学生之间缺乏交流。如果学生沉溺于网络交流，会导致实际交流能力变差，从而影响学生之间的关系。这就需要教师进行实时调节。

最后，云课堂的广泛应用和大力实施让很多作业和调查都通过网络进行，学生书写的机会减少，导致很多学生提笔忘字。另外，过多的线上材料会增加学生的学习负担，让学生更有压力。这些压力如果不适时排解，会对一些心理承受能力差的学生造成影响。

### 3. 教学内容：由纸质教材到数字教材的载体转化症结

随着信息技术的发展，很多现代化教学形式都融入了传统课堂，形成一种新型的教学形式。和纸质教材的封闭化相比，数字教材具有开放性和简便性的特点，越来越占据优势。云课堂教学因其丰富的数字专业资源受到了很多教师和学生的喜爱，但是在这样的情形下，有些教育工作者担心长此以往纸质教材会被数字教材所取代。因此，将数字教材和纸质教材相互融合才能更长远。

### 4. 教学媒体：从辅助教师教学到辅助学生线上学习的转换挑战

从教学媒体辅助传统教学课堂开始，教学课堂的氛围就变得更加浓厚了，学生与教师之间的交流也变得更多了，学生对教学内容的兴趣也大大提升了。通过教师的启发、引导，学生越来越能够配合教师进入课堂教学内容的主题。而云课堂教学平台的出现，更加充分地体现了这一点。不仅如此，云课堂还帮助学生在课下与教师进行便捷式沟通，拉近了教师和学生之间的距离。云课堂为教师和学生搭建了一个学习中的社交圈，就如同大家生活中经常用的社交软件一样便利。与之不同的是，云课堂既具备交流的便捷性，又具备开放性学习功能。

教师在辅助学生进行云课堂的使用时，虽然加深了学生对学科的理解以及对教师的印象，但教师的课后教学工作也增加了很多，这样一来无形中增加了教师的负担。所以在具体的运行当中，教务管理者和教师都要去协调、掌握工作的尺度。

### (二) 云课堂教学的实现路径

云课堂教学的实现路径主要有以下几种。

### 1. 培养信息化新型教师

考虑到教师对云课堂的接受程度和接受能力不同，为了使教师都能在短时间内掌握云课堂教学，对整体教师队伍进行云课堂教学培训是最可行的办法。一方面，在培训当中，专业人员的讲解可以使教师掌握网络技术知识；另一方面，对教师的培训都有专业的技术手册，教师在培训之后也可以自己通过手册来学习。教师在掌握了基本的云课堂操作方法后，可以根据自身的学科来对云课堂的使用进行整合处理，根据自身的学科特点和教学目标来进行教学设计。教师在教学设计上要做到：第一，选择适合云课堂呈现的教学内容。在云课堂的使用中，教师需要学会通过云课堂平台来获取丰富的教学资源，再将这些丰富的资源进行整合，制作成PPT或者是视频来方便课堂教学使用。第二，灵活运用云课堂教学形式。在传统的教学课堂中穿插进云课堂的教学形式，促进学科教学目的的快速达成。第三，通过云课堂对学生的学习进行客观的评价。做到这三点才能让教师在掌握了云课堂的教学技术后，运用云课堂教学技术增强学生对云课堂的适应能力，帮助学生通过云课堂树立自主学习的观念，并且养成自主学习的习惯。

### 2. 严爱相济

教师要想强化学生云课堂学习能力，首先要建立起完善的学习评价制度，对学生自主学习进行考核和监督，促进学生自主学习能力的形成。目前，很多高校的云课堂之所以效果不尽如人意，都是缺乏评价和监督机制所导致的。如果学生的自制力不提高，云课堂的作用就不能充分发挥出来，当然也就没有学习效果可言。所以教师要建立起一个严格、完善又人性化的监督管理机制，在保证学生学习的同时，能够让学生感受到云课堂带来的欢乐，让学生开始真正喜欢加入云课堂的自主学习。在长期的自主学习当中，学生的自制力就会显著提高。在具体的建立方法上，教师可以采取为学生建立电子档案考核的方式，对学生的实时学习动态和数据都做详细统计，对学生进行考核，督促学生自律学习。

除了建立完善的监督制度外，教师对学生进行心理教育也非常重要。教师要针对学生的心理问题进行在线辅导，帮助学生从心理上对云课堂产生认同，并且关注学生的心理健康，鼓励学生多向教师进行在线心理咨询，促进学生以良好的心理状态投入学习。

### 3. 构建以纸质教材为主、数字教材为辅的教学方式

在我国实行云课堂的现阶段，云课堂的数字教材成了目前传统教学课堂的宠儿。在教学课堂改革中，如何通过云课堂和传统课堂相结合形成既适应学生需求、也在教学内容"限度"范围内，又利于实现教学目的的教学方式是教师一直探索的问题。对于纸质教材和数字教材的性质和优势，教师展开了充分的论证。最终得出的结论是：纸质教材是数字教材发展的基础，数字教材则可以在发挥纸质教材作用的基础上促进纸质教材的内容得到更多学生的认可，也可以供学生按照自己的喜好进行个性化学习。数字教材在一定程度上也为学生的书包减轻了重量。

### 4. 加大师生课堂内互动、课堂外联动力度

要想提高学生云课堂学习的有效性，教师应做到以下两点：首先，教师必须创新教学方式，让学生充分利用云课堂教学模式与教师进行沟通。教师在了解了学生的需求和心理后，结合教学内容来创新教学方法，让学生得到激励，并开始主动努力学习。从一定程度上来说，云课堂教学也为教师的教学模式创新提供了很多便利。翻转课堂教学模式就是一个很成功的创新教学模式，教师不妨多多尝试翻转课堂教学模式，并且在教学过程中不断总结经验，创新出更适合自己所教学生的翻转课堂教学模式。翻转课堂教学模式可以在课前、课中、课后实现师生之间的交互，极大地活跃师生课堂内的互动和课下的交流。其次，建设和组建云课堂辅导教师团队。云课堂的出现也增加了教师的工作量，所以教师要组建一个专业团队来协调工作，减轻个人的工作压力，通过团队成员的合作，共同完成好教学任务。云课

堂教师指导团队既能够帮助学生高效解决问题，促进他们云课堂学习能力的提升，又能够缓解每个教师的压力，促进教师和学生的双重发展。

# 第二节 高校体育云课堂教学模式的设计研究

## 一、高校体育云课堂教学模式的设计原则

### （一）目标设计的综合性原则

不管是体育学科还是其他教育学科，制定合适、恰当的教学目标是高校教师教学设计的首要任务，但是与其他教育学科不同的是，体育学科教学目标的制定更加需要注重教学目标的全面性和综合性。也就是说，高校体育课堂教学目标不仅要包含增强身体素质、掌握运动技能，还要培养学生养成终身体育意识和观念，并对生活有积极、进取、乐观和开朗的态度。所以，作为体育教师在确定云课堂教学目标时，目标不能单一，而要包括多重含义，如认知目标和情感态度目标以及行为目标和习惯目标等。以"室内健美操"为例，其教学目标主要有：①认知目标，通过体育云课堂教学使学生认识有氧运动对心肺功能的改善作用，并掌握多种有氧运动的练习方法。②情感态度目标，克服有氧运动中的困难，体验达到既定目标的乐趣和成就感。③行为习惯目标，在30分钟内学习室内有氧运动，使用本课中学习的方法练习有氧耐力，培养终身体育锻炼习惯，等等。

### （二）内容设计的趣味性原则

高校体育云课堂教学模式设计还应遵循趣味性原则，主要表现在两个方面。一是教师选择教学内容。在体育云课堂教学模式的背景下，因为教学条件和教学场地等环境因素的限制，传统的体育课程教学内容难以得到实施与开展，所以体育教师必须选择那些对环境要求相对较低的教学内容，但是对教学条件环境要求降低的同时也意味着学习难度的相对下降，所以为了避免教学内容的简单化造成的学生学习兴趣不高的问题，体育教师在选择教学内容的时候，必须着重考虑教学内容的趣味性。二是学生选择学习内容。《义务教育体育与健康课程标准（2022年版）》是以目标为主导，未明确规定体育教学的具体内容，仅仅是针对实现教学目标而制定的参考教学内容。因此，体育云课堂教学模式将进一步扩大学生对学习内容的选择，体育教师和学生对教学内容的自主选择将有助于体育课程目标的实现。

### （三）方法设计的多样性原则

体育课堂教学方法是高校体育教师为达到教学目标所采用的手段和方法，包括体育教师"教"的方法和学生"学"的方法两种。所以，高校体育云课堂教学方法的设计应是多样、多层次的最优集合。在实际的体育课堂教学过程中，仅仅依靠一种教学方法不可能或者很难实现体育课堂教学的目标、完成体育教学的任务。单一的教学方法不利于激发学生的体育学习兴趣，也不利于激发学生的体育学习动机。所以，在体育云课堂教学中组合运用多种教学方法是十分必要的，体育教师应针对具体的教学目标和内容，选择两种或两种以上的组合式教学方法。例如，在《健美操》云课堂教学过程中，体育教师可以同时选择讲解法、示范

法、视频教学法等多种方法来相互协调配合，共同发挥它们在体育教学中的最大效应，提高体育云课堂教学的效果与质量。

（四）评价设计的过程性原则

在传统体育教学大纲的指导下，体育教师对学生学习的评估主要侧重于对身体素质和运动技能的测验。体育教师更注重对学生的总结性评价，而过程性评价的应用却很少甚至被忽略。而构建主义则注重教学评价的动态性，即考虑教学结果的同时，又兼顾教学过程。这主要是因为同时兼顾过程性评价和总结性评价不仅可以掌握学生体育学习的结果，也可以了解学生在学习过程中存在的问题，从而及时调整体育教学的方式方法，形成正面的教学反馈。因此，研究人员认为，高校体育云课堂教学模式的教学评价应该是过程性评价和总结性评价的结合，在一定程度上应该以过程性评价为基础。因为只有将过程性评价和总结性评价相结合的多元化评估才能更好地促进教师教学和学生学习，也才能更好地促进教学评估与教学的结合，并提高高校体育云课堂教学的质量和效果。

## 二、高校体育云课堂教学模式的具体内容

（一）高校体育云课堂教学模式总体框架构建

随着计算机技术的成熟和虚拟技术的发展，体育云课堂应运而生，打破了传统体育课堂在时间以及空间上的局限，为教师和学生带来了信息化的教学设计理念、资源以及多元化、个性化、自由化的教学模式，同时带来了更多的教学体验和服务，使云课堂理念深度融合到教育当中。根据相关学者对于高校体育云课堂教学模式的理论阐释，可以将高校体育云课堂教学模式的总体框架分为课程内容、课程教学设计、教学支持、应用效果与影响四个维度，见表7-1。

**表 7-1　高校体育云课堂教学模式总体框架**

| 一级指标 | 二级指标 | 具体要求 |
|---|---|---|
| 课程内容 | 规范性 | 符合《普通高等学校本科专业类教学质量国家标准》的要求 |
| | 规范性 | 坚持立德树人标准，突出理论和成果，注重理论实践相结合 |
| | 安全性 | 无危害安全、涉密、侵犯他人知识产权等内容 |
| | 适当性、多样性 | 教学环节丰富、多样，考试难度适当 |
| 课程教学设计 | 合理性 | 符合体育教育教学的基本规律 |
| | 方向性 | 以学生为中心的方向，促进学生健康和发展 |
| | 创新性 | 实现教学各个环节、要素的创新 |
| 教学支持 | 团队 | 教师团队结构合理 |
| | 团队服务 | 教师教学水平和服务意识较高 |
| | 学习者活动 | 学生表现出较高的学习兴趣 |
| 应用效果与影响 | 开放性 | 向社会学习者开放 |
| | 课程应用情况 | 在线课程与课堂教学有效结合 |
| | 社会影响 | 范围广，效果好，影响力大，师生评价高 |

根据以上四个维度可以将体育云课堂教学模式的具体内容分为理论依据、教学目标、教学内容、教学方法、教学组织以及教学评价等六个方面，见表7-2。

表 7-2　高校体育云课堂教学模式具体内容

| 一级维度 | 二级维度 | 内涵 |
|---|---|---|
| 理论依据 | 联通主义理论 | 通过网络工具和网络资源进行体育知识和技能的教育教学，形成体育学习的网络 |
| 教学目标 | 四维目标 | 传递体育知识、掌握运动技能、培养情感态度、提高信息素养 |
| 教学内容 | 体育理论与实践、生命健康 | 丰富多元化的体育理论知识、难度较小且不受场地限制的实践技能、体育背景下的生命健康教育 |
| 教学方法 | 线上教学 | 在线直播教学、微信群研讨 |
| 教学组织 | 教学组织与管理 | 制订科学实施方案、加强体育教师技能培训、完善在线教学资源、丰富体育教学内容 |
| 教学评价 | 评价主体和方式多维 | 既要以学生为中心，也要关注学习效果，既评价学生和教师，又评价教学过程 |

高校体育云课堂教学模式的教学目标也可以分为现实目标与终极目标，现实教学目标在于克服各种阻碍，确保体育课程的正常开展；终极教学目标在于维持和促进人的终身体育意识。体育云课堂的教学内容应统筹年度体育教学计划、运动训练与学生锻炼活动计划，涵盖运动技能、身体素质、健康知识及习惯养成等方面的内容。教学方法专注于保持体育在线课堂运动技能教学与线下教学环节一致，创新在线教学方法，丰富云课堂的教学内容。此外，体育云课堂教学模式还需要明确体育在线教学评价方法和标准，明确在线教学课堂纪律，规范教学实施过程管理，确保学员全过程参与，同时注重教师与学生在开展在线教学过程中学习效果的反馈和评价，即教学管理以及教学评价环节。上述各项环节的具体内容将在下文中进行详细论述。

（二）高校体育云课堂教学模式的目标与制定

高校体育云课堂教学模式的现实教学目标在于克服各种阻碍，确保体育课程的正常开展；终极教学目标在于维持和促进人的终身体育意识发展。因此，体育云课堂教学应在落实具体教学任务目标的基础上，聚焦学生身心健康，帮助学生牢固树立"健康第一"的理念。教学任务目标的制定应参照教学大纲与教学任务要求，教学总体目标应该涵盖以下四个方面的具体目标：一是向学生教授健康知识，二是向学生传递运动技能，三是帮助学生练强身体素质，四是培育学生的品德意志。

（三）高校体育云课堂教学模式的教学内容与选择

高校体育云课堂教学模式的教学内容要明确课程内容、课程安排和课程组织形式等关键要素。在明确上述要素的基础上，体育云课堂教学模式的教学内容与选择需要注意以下三个方面：第一，要坚持立德树人的根本任务，在教学中以价值引领内容，加强生命教育、安全教育、法制教育和心理健康教育。第二，体育云课堂教学模式的教学内容应该在传统体育课堂的教学计划上进行调整，优先选择现有云课程资源平台的课程内容和体育理论课教学，优先考虑编排难度小、不受场地条件限制的课程内容。第三，在设计云课堂教学内容时，体育教师应以培养学生的运动习惯及学习意识，注重对体育教学资源的推送、制作，并紧密联系家庭体育，实现家校共育。

### （四）高校体育云课堂教学模式的方法与运用

高校体育云课堂的授课方式应包括在线直播教学、微信群研讨等两种主要形式，为了让学生更好地掌握体育技能，更有效地锻炼身体，应采用重点讲解、视频辅助、题板强调等教学手段和方法。

在线直播教学除了在线视频直播的形式外，还有音频直播、视频录播等形式。在线直播教学需要教师做好四个方面的准备：一是提升对课程内容的熟练程度，包括对直播软件操作的流畅程度。原因在于在线直播教学过程中，学生的专注力都在屏幕上，教师讲课、示范、软件操作过程中的不流畅都会被放大，因此教师必须咬字清晰，语言连贯，动作规范，这样有利于提高教学效果。二是注重服装仪容与周边环境。进行体育云课堂在线直播教学时，教师应着装得体，尽量选择背景整洁、空间较大的环境，并注意调试直播角度和光线。三是保持与学生的有序互动。相较于线下课程，线上授课更应注重学生专注度的问题，因此要适时使用互动工具，要求学生做出规定动作，或者在聊天区域组织学生有序发言，以保持互动。四是确保硬件设备正常运行。在线直播开始前，教师应提前测试电脑、摄像机、麦克风、手写板等硬件设备的运行情况以及网络通畅情况。

微信群研讨是目前非常普遍、有效的体育云课堂辅助教学模式。因为微信拥有文字、图片、声音、视频等多方面的功能，是一款强大的即时通信工具，因此在当下被广泛应用于包括体育教学在内的各项教学工作。微信群研讨在高校体育云课堂模式的应用中，具体可以发挥以下三个方面的功能：一是方便学生对课堂学习内容进行讨论、回顾与巩固；二是方便体育教师布置课外作业，并及时进行评价、指导、纠错；三是建立了一个信息共享的平台，营造了良好的体育锻炼氛围。

### （五）高校体育云课堂教学模式的组织与管理

做好高校体育云课堂教学的组织与管理工作应从以下几方面着手：一是完善在线教学内容，制订科学实施方案。学校应统筹年度体育教学计划，制定切实可行的线上体育课程教学方案。二是加强体育教师技能培训，确保云课堂教学质量。学校应及时了解体育教师线上教学困难，帮助体育教师在开课前选择好在线教学平台，如中国大学 MOOC、智慧树、学堂在线、钉钉等，组织好平台使用方法的培训工作，加强在线教学试运行，为体育教师提供在线课程教学技术服务和保障。三是遵循课堂教学环节，完善在线教学资源。学校和体育教师应及时将电子版教材、教学课件、教学日历、学习资料等提前发给学生，便于学生提前预习、自学和课后练习巩固。四是创新云课堂教学方法，丰富体育教学内容。学校与体育教师应广泛收集适合教育的教学视频、案例、动作模拟、竞赛集锦等资源，积极开展工作示范教学，相互传送学生练习视频，开展学生网上点评，鼓励设计家庭体育游戏。同时，可以组织举办"云上体能联赛""云战役"班级趣味挑战赛和"云上运动会"等竞赛活动。对于体育云课堂教学模式而言，严格在线教学考核，强化教学过程管理也十分关键。相关教育部门与学校首先应明确体育云课堂教学的评价方法和标准，明确在线教学课堂纪律，规范教学实施过程管理，确保学生全员全过程参与。此外，体育教师应做好课堂考勤、互动讨论、辅导答疑等过程性教学设计，引导学生自主学习，调动学生学习积极性和主动性，提高学生学习参与度。同时，体育教师要规范教学档案，留存好教案、教学计划和进度表、课后小结、学生作业等在线教学资料。五是注重教师与学生在开展在线教学过程中学习效果的反馈与评价。学校通过建立反馈与评价机制，及时研判和掌握在线教学中存在的问题，研究提高教学效果的方法与举措，保障体育教学的质量。

### （六）高校体育云课堂教学模式的评价与实施

教学评价是指以特定的教学目标为基础，采用信息收集和量化分析的方法收集教学过程中的信息，并根据分析结果对教学活动的效果与质量、学生学习的效果与质量作出价值判断的过程。开展教学评价的目的可以从学生与教师两个角度进行阐述，就学生为主体而言，教学评价的目的在于根据对学生的培养要求评价学生的情感态度，检查学习活动的结果，引导学生调整学习活动。就教师为主体而言，教学评价的目的在于发挥反馈调节作用，以学生的"学"来评教师的"教"，帮助教师及时研判和掌握教学中存在的问题，及时改善教学效果的方法与举措。

在评价方式方面，高校体育云课堂应结合信息化特点，利用云平台的评价系统，以学生为中心制定。传统的体育课程评价包括形成性评价和总结性评价两种，其中形成性评价以学生课后练习完成情况、课堂考勤情况为评价内容。终结性评价是在体育教学活动告一段落后，在学期末或学年末进行体育技能考试、考核。与单一的教学评价相比，体育云课堂教学模式应采用多元评价的方法。多元的教学评价一是体现为评价主体多元，包括学生自评、教师评价、同伴互评；二是体现为评价方式多元，包括利用云平台评价系统进行形成性评价，利用阶段性测试、考核进行总结性评价；三是体现为评价内容多元，包括知识掌握能力、自主学习能力、团队协作能力、自我探究能力、分析和解决问题能力等。

高校体育云课堂教学评价的具体实施主要分为课前、课中、课后三个评价阶段，主要是对学生的学习态度、学习投入度、学习参与度、学习效果等进行评价。其中，课前主要是通过访问总时长、出勤次数、问题反馈等评价学生的学习态度；课中主要是通过课堂随测情况、弹幕与限时练习等师生互动情况评价学生的学习投入度与参与度；课后主要是通过期末测试来评价学生的学习效果。

## 三、高校体育云课堂教学模式的注意事项

与传统体育课堂教学模式相比，高校体育云课堂不管是在体育教学目标，还是在体育教学方法上都存在较大的差异，因此，要想取得良好的体育课堂教学效果，体育教师需要在各方面都进行相应转变，以适应体育云课堂教学模式。其中特别要注意的是要深化教学目标，转变设计理念；优化教学条件，健全设备体系；改进操作程序，实现家校共育。

### （一）深化教学目标，转变设计理念

与学校体育课程教学目标不同的是，最大化地实现体育云课堂教学模式的优势效益，需要体育教师在设定体育教学目标时转变设计的理念和视角，从学生的现实需求出发，转变设计重心，由关注结果转变为关注过程。例如，在高校体育田径短跑课程教学中，教学目标必须包含掌握短跑的运动技术和特点，而在体育云课堂教学模式中，由于教学条件和环境的转变，其教学目标会由掌握技能转变为提高运动能力。所以，为了提高体育云课堂教学的质量

与效果，体育教师必须要实际地从学生的现实需要出发，通过与学生沟通交流、网上学习、同辈探讨等多种途径，不断深化自身体育教学的设计理念，从而保障体育云课堂教学模式有效果、有效益、有效率。

### （二）优化教学条件，健全设备体系

相比于高校体育课堂教学，体育云课堂教学模式对教学条件的要求比较低，在室内或一小块空地就可以进行体育教学。但是，体育云课堂教学模式对硬件设备体系有着一定的要求，一是要求学校具备用于体育课堂教学的学习平台，二是要求体育教师具备体育课堂教学的智能化设备，三是要求学生至少具备一台智能手机或其他智能化的设备，这些是体育云课堂教学模式必不可少的硬件条件。然而目前许多高校没有搭建专门的体育云课堂教学平台，更多的是采用已有的平台开展体育教学活动，如腾讯会议等。体育教师也没有专业的设备设施来进行体育云课堂教学，多数是利用手机或电脑开展体育教学活动。高校学生虽然一般都具有智能化的教学设备，但是有部分农村的高校学生的网络信号存在问题。这些都是高校体育云课堂教学的阻滞因素，所以高校必须不断加大经费投入力度，优化教学条件，健全设备体系，不断提升体育云课堂教学模式的效果。

### （三）改进操作程序，实现家校共育

高校体育教学是在体育教师的主导下，在特定环境中实施体育教学的标准化过程，教学过程具有高度的专业性。在体育云课堂教学模式中，教学主体和学习对象在空间上是分隔开来的，学生基本上是在家庭的环境中进行学习的，没有面对面的交流与联系，使得非语言评价因素丧失了其应有的效果。因此，体育教师只能适当改变体育教学的操作程序，提高教学效果，如体育教师在体育云课堂教学之前要求学生自学，布置课后作业，让学生完成并让家长监督，教师对学生教学效果的评价要考虑家长的反馈因素，同时要做到积极与家长沟通，并对学生的学习情况进行反馈，营造良好的共育氛围。

## 第三节　基于云计算的高校体育网络教学创新实践研究

### 一、云计算与网络教学资源的内涵与特点

云计算是一种基于互联网的超级计算模式，通过远程的数据中心，将成千上万的电脑和服务器连接成共享基础架构体系，为解决教学资源在建设方面所面临的问题提供帮助。云计算具有分布处理、并行处理和网格计算等特征。云计算包含三个分层：基础设施即服务（Infrastructure as a Service，IaaS）、平台即服务（Platform as a Service，PaaS）、软件即服务（Software as a Service，SaaS）等超大规模的分布式环境，其中，基础设施是基础，平台在中层，软件在顶端，其核心是提供数据存储和网络服务。

随着教育信息化的发展，基于云计算建设和应用的网络教学资源，可以提高教学资源利用率、降低资源运营成本，方便网络教学资源的二次开发。网络教学资源（Network Teaching Resources）是基于互联网环境的数字教学资源，是以网络为载体和传播媒介的新型教学资源形态，它通过学科教师建设、网络平台发布和学生自主学习，拓展了教学时空，是适应信息时代的教育教学改革的有效手段。网络教学资源具有分布广泛、超媒体呈现、获

取快捷和传递迅速等特点。云计算、互联网为网络教学资源建设和应用奠定了基础。[①] 网络教学已成为均衡教育资源、提高教学质量的重要手段。长期以来，高校体育专业存在的师资短缺、时空矛盾的问题，有望通过建设和使用体育网络教学资源来解决。

## 二、传统高校体育教学的困惑与网络教学的优势

### （一）传统高校体育教学的困惑

**1. 体育课程"学训矛盾"**

与其他课程相比，高校体育教学具有一定的特殊性，即除了学习理论知识，还要提升运动技能。学生从事运动训练需要花费大量的时间和精力，经常参加体育比赛、训练难免会影响学生到课堂学习。在传统教学中，学生每次遇到外出集训或比赛都必须请假，由此耽误的理论学习却无法弥补。长此以往，"学训矛盾"导致的课堂空缺无形中造成了体育课程"重术科、轻理论"的问题，影响了大学生对理论课程学习的兴趣和积极性。

**2. 体育教学"时空冲突"**

高校体育课程有理论与术科之分，传统教学中除了体育理论教学，还有运动技能训练。体育理论教学在课堂进行，运动技能训练要在特定场馆开展，正常的教学秩序会受到时间、空间的约束。高校体育场馆数量有限，在特定的时间和空间里，体育教师和学生教育教学活动都会受到不同程度的影响。大学生理论学习与技能训练的"时空冲突"难以避免，亟待寻找新的方式方法来解决，而网络能跨越时空，网络教学给体育教学改革带来了希望。

**3. 体育动作"观察受限"**

体育运动是以肢体发生空间位移为特征的人体运动科学，传统教学主要是通过教师示范讲解、学生模仿练习巩固进行理论知识和运动技能的传授的。体育动作的动态连续，时空不可停留、不可重复的特性（如田径跨栏、篮球投篮、舞蹈武术动作）增加了体育课程教学的难度，影响教学效率和效果。当前，高校教育改革正在持续推进，高校体育亟须利用信息技术、云计算技术开发教学资源，改进教学手段和方式方法，提高体育人才培养质量。

### （二）高校体育网络教学的优势

**1. 随时随地开展教学活动，有利于解决体育课程的"学训矛盾"**

信息技术的飞速发展给各行各业带来了全新机遇，网络教学资源的建设与应用给高校教育教学改革提供了可能。学生外出参加体育比赛，不再担心不能到课堂学习的问题。基于网络平台，高校可以开发多媒体课件、微课视频，建设在线课程资源。例如，在运动生理学课上，教师通过录制微课视频，讲解基础理论知识；通过虚拟仿真技术，给学生演示"神经—肌肉生理活动"实验，学生居家可以随时观看在线课程进行学习。即便外出参加体育比赛，师生照样可以通过网络随时随地开展在线教学活动。网络平台拓展了教学时空，使大学生可

---

① 刘洋，刘怀金. 基于云计算的高校体育网络教学改革与实践研究［J］. 当代体育，2021（38）：58－59.

以随时随地自主学习。

2. 线上、线下开展辅导答疑,有利于解决体育教学"时空冲突"问题

教师借助现代教育技术手段,即通过录制微视频、制作多媒体课件等方式建设体育网络教学资源,利用云计算技术搭建教学平台,让学生随时随地自主学习理论知识,线上、线下反复观看、模仿、练习体育动作,有望改变传统高校体育教学方式方法,提高体育教学效率和效果。例如,田径课程关于跨栏动作的教学中,传统授课方式是教师身体示范,学生模仿练习,教学活动仅限于课堂时间、田径场空间,下课后学生无法得到教师的指导。利用网络教学,师生则可以线上、线下互动,教师将课堂示范动作录制成视频发布到平台上,学生课后可以反复观看,并且在线与教师、同学互动讨论,这就解决了体育教学"时空冲突"的问题。师生可在教学活动中随时在线互动,沟通交流便利快捷。

3. 多个角度观察体育动作,有利于解决体育动作"观察受限"问题

长期以来,体育动作示范难的问题一直困扰着绝大多数高校体育教师。随着网络信息技术的发展,这个问题可以通过多角度视频拍摄来解决。在太极拳的传统授课过程中,教师在示范动作时,学生观察角度受限,对动作的认知存在差异,从而导致学生对动作技能掌握程度参差不齐。网络时代在运动技能讲授和练习方面,利用智能手机可以随时随地录制体育动作视频,学生与教师之间、学生与学生之间可以互相欣赏和指导,这既能丰富课程内容,也能激发学生的学习兴趣、拓展学生的学习渠道。

## 三、云计算背景下高校体育网络教学的创新探索与实践

### (一)借助云平台,拓展教学时空,方便学生自主学习

教学平台是开展教学活动的基础条件。传统体育教学需要特定的体育场馆,按照教学计划,在固定的时间开展教学活动。云计算技术可随时随地根据需要调配运行环境所需的资源。信息时代,云计算的"平台即服务"特征为网络教学提供了方便,从南京天空教室到超星学习通、中国大学 MOOC、智慧树、雨课堂等,越来越多的教学平台如雨后春笋般涌现,助推高校网络教学的推广、普及。高校体育应该充分利用学校购买的云平台,开展线上、线下混合式教学,以此拓展教学时空,克服传统体育教学普遍存在的"时空矛盾",特别是网络学习类手机 App 的使用极大地方便了网络教学改革。高校师生可以利用智能手机随时随地开展互动和学习活动。无论在篮球馆、田径场还是在教室,师生都可以通过翻转课堂模式开展个性化学习和差异化教学活动。

### (二)利用多媒体,开发教学资源,丰富体育课程教学内容

教学资源是开展教学活动的基本手段。传统体育教学主要依据教材和教师的口传身授来进行,教学形式陈旧,学生学习兴趣不足。信息时代,云计算的"软件即服务"特征为网络教学资源建设提供了各种各样的软件。例如,利用 Camtasia Studio 软件可以录制田径跨栏微课视频,通过关键帧标记技术帮助学生理论结合实践学习田径课程。再如,可以用 CoolEdit Pro 软件截取刘翔跨栏过程中的起跨、过栏和落地动作图片制作多媒体课件,用于辅助理论教学;可以截取姚明的篮球进攻、防守和投篮动作,激发学生对运动技能的学习兴趣。在网络教学过程中,教师可以适时推送最新赛事信息,如利用中国女排奥运夺冠与"女

排精神"的相关视频，鼓励学生顽强拼搏、报效祖国，通过课堂育人、课程育人，实现体育教学目标。

### （三）通过大数据进行教学评价，实现体育课程考核客观公正

教学评价是开展教学活动的基本保证。传统体育教学主要通过体育理论知识口试或笔试，运动技能比赛或测试等方式进行评价。评价客观、准确有助于鼓励和激励学生积极参与体育实践。信息时代，云技术"基础设施即服务"的特征为网络教学各类状态数据的记录提供了保障，其中在线时长、访问次数、考勤记录和作业成绩等，都给课程评价提供了客观依据。例如，在体育科研方法课程的线上学习中，学生视频观看的时长和反馈有助于教师掌握学生学习进度，方便教师在线下教学时有针对性地备课与答疑解惑；在篮球课程的线上教学中，教师可以将学生参与在线讨论篮球战术、动作诊断分析等教学活动的情况计入课程成绩。通过大数据可以实施教育教学的精准评价和客观评价。例如，超星学习通收集到的学生的各种学习状态数据，为学生体育课程学习的形成性评价提供了客观依据。

# 第八章　高校体育信息化教学设计研究

## 第一节　信息化教学概述

### 一、信息化教学的基本理念

自 20 世纪中叶以来，以电子计算机和通信技术为代表的现代信息技术的出现带来了"信息技术革命"，它使当今世界发生了人类有史以来最为迅速、广泛、深刻的变化，促使人类社会迅速进入信息社会。信息技术的飞速发展对社会的各个领域、对人类生活的各个方面都产生了巨大影响。信息技术在教育中的应用引起了教育教学的深刻变革，信息化教育就是随着"信息高速公路"的发展被提出来的，它是以现代信息技术在教育教学中的广泛应用为特征的新的教育形态，是教育适应信息社会发展的必然结果。

正如教学是教育的主体与核心一样，信息化教学也是信息化教育的主体和核心，它是与传统教学相对而言的一种教学形式，注重现代教学媒体在教育中的应用。

所谓信息化教学，就是指教育者和学习者借助现代教育媒体、教育信息资源和方法进行的双边活动。它既是师生运用现代教育媒体进行的教学活动，也是基于信息技术在师生间开展的教学活动。

信息化教学是与传统教学相对而言的现代教学的一种表现形态，它是在现代教学理念的指导下，重视现代信息技术，如现代网络技术、计算机及多媒体技术、卫星通信技术等在教学中的作用，充分利用现代教育技术手段，应用现代教学方法，调动多种教学媒体、信息资源，构建良好的教学与学习环境，并在教师的组织和指导下，充分发挥学生的积极性、主动性、创造性，使学生能够真正成为知识、信息的主动建构者，从而达到良好的教学效果。

在信息化教学中，教师利用多样化的教学环境、丰富的教学资源，在先进的教学理念的指导下组织教学内容，设计并开展形式多样的教学活动。学生则在信息化环境中利用丰富的资源和多样化的交互工具开展合作学习、探究学习，主动对知识进行意义建构，从而促进个人的全面发展。现代教学倡导的"以人为本、以学生为本"的教学理念，主要表现在以下几个方面。

（一）强调学生的主体地位

传统教学以教师的"教"为中心，教师是教学活动的主体。建构主义理论认为，学生是教学活动的积极参与者和知识的建构者，教学应当以学生的"学"为主要任务，学生是教学过程的主体，一切教学活动都要围绕学生的"学"来展开。在现代教学中，学生是具体的、活生生的、有丰富个性的、不断发展的认识主体，是具有主观能动性的独立个体和群体。教学是学生在教师指导下，有目的地去获取对客观世界认识的知识，发展社会适应性的能动过程。学生的主体地位在教学过程中具体表现为自主性、主动性和创造性。

## （二）从强调知识的积累和技能的训练转变为学生主动建构

建构主义学习理论认为，知识不是通过教师传授得到的，而是学习者在一定的情境，即社会文化背景下，借助其他人（包括教师和学习伙伴）的帮助，利用必要的学习资料，通过意义建构的方式获得的。因此，近年来，学习者由过去被动地接受知识向主动建构知识的方向转变。

## （三）学生从以往接受式的学习转变为自主、探究、合作式的学习

新课改明确指出，要改变课程实施过于强调接受学习、死记硬背、机械训练的现状，倡导学生主动参与、乐于探究、勤于动手，培养学生收集和处理信息的能力、获取新知识的能力、分析和解决问题的能力以及交流与合作的能力。因此，教师应当首先改变以往的教学方式，运用信息化教学方式培养学生自主学习、探究学习、合作学习的能力。其次要从各个方面培养学生主动探究、合作学习的意识，让学生意识到只有积极主动地学习才能够适应信息化社会的需求。

## （四）强调活动的重要性

传统的教学活动主要是知识的"授—受"活动。现代的教学活动观念要求，在教学中充分认识到活动的重要性和多样性，教师要为学生设计多种性质的活动，组织学生在活动中进行不同形式的学习，充分发挥学生的主动性、自觉性，培养学生的创新意识、创新精神和创新能力，促使学生的知识、能力和个性全面发展。

## （五）强调学生的主观能动性

在教学过程中，教师要激发学生学习的兴趣、探究的激情，尊重学生的个性和特长，注重学生在学习中的积极参与，最大限度地挖掘学生的潜能。教师应当利用多媒体技术有效地激发学生的学习兴趣，利用多样化的教学方式促进学生积极主动地对知识进行自主探究。

## （六）强调师生积极主动的互动交流

多样的师生互动交流有助于缩短师生的心理距离，增强学生的学习兴趣；有助于学生在学习中共享生活经验，完善知识结构，促进社会性学习，发展社会性素质。对于教师来说，师生之间的互动交流可以使教师放下架子，与学生平等交往，有助于教师与学生相互学习、共同提高。

# 二、信息化教学与传统教学的差异

信息化教学与传统教学没有本质的区别，它也是教师的"教"和学生的"学"的双向共同活动。但是信息技术的出现和多媒体在教学中的应用，使得信息化教学在教学手段、教学资源以及教学模式等方面有了新的特点，并与传统教学有了很大的差异性。

## （一）教学手段的差异性

从广义来讲，教学手段就是为了实现预期教学目的，教师和学生用来进行教学活动，作用于对象的、信息的、精神的、物质的形态和力量的总和。在这里，教学手段主要表现为某

种具体的教学媒体。传统的教学媒体主要有黑板、教科书、标本、模型、图表等。因此，传统的教学手段是指教师针对教学内容，运用简单的媒体，单向传播教学信息的方式。信息化教学手段主要是随着多媒体技术在教学中的应用，教师将原来以教材形式存在的各种文字、图像、数据、表格转化为数字化的教学资源，利用多媒体呈现的方式进行教学。同时，多媒体资源能够快速方便地通过网络传递、共享，提高教学效率。传统教学手段与信息化教学手段的差异见表8-1。

表 8-1　传统教学手段与信息化教学手段的差异

| 教学手段 | 传统教学手段 | 信息化教学手段 |
| --- | --- | --- |
| 表现形式 | 单一化 | 多样化 |
| 媒体特征 | 传统媒体 | 多媒体 |
| 讲授方式 | 灌输式讲授 | 交互式指导 |
| 信息传递 | 单向传递 | 双向、多向传递 |

传统教学形式单一，主要是以课堂教学为主；教师传授知识、学生接受知识是主要的教学活动。信息化教学的形式多样化，可在各种类型的教学环境中开展多样化的教学，如自主学习、协作学习、探究学习等。传统教学主要借助单一化的媒体开展教学活动，教学媒体承载教学信息的能力比较低，传递教学信息的功能比较简单、机械。信息化教学手段具有丰富的教学功能，通过大屏幕投影清晰地传授知识、通过网络开展小组讨论、师生答疑、作业提交、网上学习和测试等，可加强师生之间的交流，培养学生的自主学习能力。信息化教学能够提高学习效果，其信息化手段集声音、图像、文字等多种信息于一体，极大限度地满足了学生视听等感官需求，激发了学生的学习兴趣。传统教学大多数采用灌输式的讲授方式，教学信息是从教师到学生的单向传递，没有考虑到每个学生的特点，不能做到因材施教，从而使教学比较枯燥乏味，不利于学生认知能力的发展。信息化教学采用的讲授方式是交互式指导，教师与学生之间互动交流，教学信息可以双向或多向传递，既可以从教师到学生，也可以从学生到教师，从而使师生之间形成平等的地位，有利于教学活动的有效实施。

同时，信息化教学具有直观性，它可使形、声、色浑然一体，把一些传统教学手段无法表现的复杂的过程、一些不易观察和捕捉的现象、一些无法现场呈现的场景，都真实、鲜活地呈现在课堂上，创设生动形象，具有强烈感染力的情境，调动学生学习的积极性，使学生更好地掌握知识，从而提高教学效果。它具有传统教学手段所没有的趣味性、直观性，可以充分调动师生的积极性、主动性和创造性，突破教学的重难点，从而更加容易达到教学目的，使学生在愉快、轻松的环境中获得知识。

尽管传统教学手段和信息化教学手段有一定的差别，但是它们都有各自的优点，在教学过程中，它们是相互补充、取长补短的关系。我们应当将传统教学手段与信息化教学手段结合起来，实现优势互补，最大限度地提高教学质量。

（二）教学资源的差异性

教学资源是支持整个教学过程达到一定教学目的，实现一定教学功能的各种资源总和，是教学系统中的一切物化资源和非物化资源，主要包括教学资料、支持系统、教学环境等。传统教学资源与信息化教学资源的差异见表8-2。

表 8-2　传统教学资源与信息化教学资源的差异

| 教学资源 | 传统教学资源 | 信息化教学资源 |
|---|---|---|
| 教学材料 | 书本、教科书、挂图、教学器具、课件、教学电视等 | 数字化素材、教学软件、补充材料等 |
| 支持系统 | 教师和同伴对学习者的指导与帮助 | 现代媒体和学习工具对教与学过程的参与，网络信息对学习内容的补充 |
| 教学环境 | 以教室为主，以课堂教学为主要教学形式 | 以信息技术的应用为特征，多样化的教学环境和教学形式 |

　　教学材料蕴含了大量的教育信息，是能创造出一定教育价值的各类信息资源。传统教学材料包括书本、教科书、挂图、教学器具、课件、教学电视等。信息化教学材料指的是以数字形态存在的教学材料，包括学生和教师在学习与教学过程中所需要的各种数字化素材、教学软件、补充材料等，具体形式有：文本、图形/图像、音频、视频等素材类教学资源，虚拟实验室、教育游戏类、电子期刊类、教学模拟类、教育专题网站等集成型教学资源以及网络课程。

　　支持系统主要指支持教师有效开展教学活动以及学习者有效学习的内外部条件，包括学习能量的支持、设备的支持、信息的支持、人员的支持等。传统的支持系统主要是指教师和同伴对学习者学习的指导与帮助，以及工具书对学习者学习的帮助等。

　　信息化教学资源的支持系统主要指现代媒体和学习工具对教与学过程的参与，以及海量的网络信息对学习内容的补充等。

　　教学环境不只是指教学过程发生的地点，更重要的是指学习者与教学材料、支持系统之间在进行交流的过程中所形成的氛围。传统的教学环境以教室为主，以课堂教学作为主要的教学形式。信息化教学环境以信息技术的应用为特征，包括校园网、多媒体教室、电子网络教室、电子阅览室、语音实验室、网络教学平台等，教师可以利用多样化的教学环境开展课堂教学，组织学生协作学习、探究学习，指导学生自主学习。

## （三）教学模式的差异性

　　教学模式是依据教学思想和教学规律而形成的在教学过程中比较稳固的教学程序及其方法的策略体系。传统教学模式与信息化教学模式的差异见表 8-3。

表 8-3　传统教学模式与信息化教学模式的差异

| 教学模式 | 传统教学模式 | 信息化教学模式 |
|---|---|---|
| 教师的地位 | 知识的灌输者 | 学习的指导者、帮助者 |
| 学生的地位 | 被动接受知识 | 主动构建知识 |
| 教学手段 | 传统教学手段 | 信息化教学手段 |
| 媒体的作用 | 教师向学生传授知识的工具 | 教师教的工具、学生学的工具以及交互工具 |
| 教学内容的主要来源 | 课本、教材 | 课本、教材、网络资源 |

　　在传统教学模式中，教师是知识的主动施教者，学生是被动接受的对象，媒体是辅助教

师向学生传授知识的工具，作为认知主体的学生在整个教学过程中处于被动的地位，这种教学模式扼杀了学生的主动精神和创新能力的培养与发挥。这种模式的优点是有利于教师主导作用的发挥，有利于教师对课堂教学的组织、管理与控制；但它存在一个很大的缺陷，就是忽略了学生的主动性、创造性，不能很好地体现学生的认知主体作用。不难想象，作为认知主体的学生如果在整个教学过程中处于比较被动的地位，肯定难以达到比较理想的教学效果，更难以培养出创造型人才。

随着现代信息技术在教育领域的应用，特别是网络教学的广泛应用，师生都处于一个信息来源极为丰富和多样的环境中，两者获得信息的机会几乎是均等的。教师不应以信息的传播者或良好知识体系的呈现者出现，而应由原来处于中心地位的知识权威转变为学生学习的指导者和合作伙伴。学生的学习不应是被动接受信息刺激的过程，而应是主动构建知识意义的过程。这需要学习者根据自己的知识背景，对外部进行主动选择、加工和处理，从而获得知识的意义。因此，信息化教学模式是根据现代教学环境中信息的传递方式和学生对知识信息加工的心理过程，充分利用现代教育技术手段（主要指多媒体计算机、教学网络、校园网和互联网）的支持，调动尽可能多的教学媒体、信息资源，构建一个良好的学习环境，在教师的组织和指导下，充分发挥学生的积极性、主动性、创造性，使学生能够真正成为知识信息的主动建构者，从而达到良好的教学效果。在这种模式下，教师成为课堂教学的组织者、指导者，是学生建构意义的帮助者、促进者，而不是知识的灌输者和课堂的主宰者。

总之，知识不能通过教师简单地传递给学生，学生需要自己与学习环境进行交互，从而完成知识建构，这种建构无法由他人替代。教学不是知识的传递而是知识的处理和转换，教学由向学生传递知识转变为发展学生的能力，培养学生的主体性、个性、创造性和实践能力。教师在教学过程中应关注对动机的激发和维持以及提供学生自主学习的工具性支持。

# 第二节　高校体育信息化教学平台建设研究

近年来，教育逐渐走向信息化和数字化，很多高校在体育教育的过程中，通过搭建信息化的教育平台实现教学内容、教学手段和教学体系的系统化，通过更加现代化的方式来实现高校教育工作的综合发展。当前人才竞争不仅是智力能力的竞争，也是体力和综合素质的竞争，全面综合发展才能够有效增强人才的综合竞争力。所以，高校体育教学要应用更加科技化和智能化的方式，从体育活动管理、人员安排、器材管理等多方面进行综合管控，进一步完善信息化教学平台的建设，以此来实现我国高校体育教学逐渐向着更加标准、更加规范的方向进行。

## 一、高校体育教学信息化建设的必要性分析

### （一）教学形式的多样化

体育教学覆盖面广，在进行体育教学的过程中，学校需要满足学生的不同兴趣，一些学生对体育涉猎广泛，这就要求学校提供更加全面的硬件设施来满足体育教学的实际需求。在体育教学的过程中，只有综合全面地应用信息化平台才能提供优质的体育教学资源，进而满足学生不同形式的学习需求。例如，高校开设的游泳课、田径课、足球课、羽毛球课以及排球课等，是高校体育教学的重点，高校要想完善当前的教学形式可以通过信息化建设将体育

活动与专业化的培训有机结合，通过信息平台对理论知识以及多元化测试进行系统开展，只有这样才能够拓宽体育教学的覆盖面，也能够有效地降低管理难度。在信息平台上，高校对每一个学生的实际情况以及教学资源进行充分的整合，可以满足不同学生的学习需求。同时，不同教学形式之间也要加强融合，提高学生对于不同项目的兴趣，这样才能够符合当前高校日趋多元化的体育教学形式要求。

（二）素质教育的深入推行

在新课改背景下，人才的竞争不仅仅是专业能力的竞争，更是身体素质的比拼。所以，素质教育的深入推行对体育教学信息化建设提出了更高的要求。体育教学，将简单的体育运动变成了身体训练，加强学生协调性以及身体机能的开发，学生在体育运动当中找到自己所喜爱的运动，从而实现终身运动，这样能够有效地营造良好的运动氛围，提高学生的生存能力、意志力以及竞争力。目前，在很多高校中，体育教学已经成为重点学科，只有真正认识到运动对自身的重要推动力才能够明确当前的教学目标，更好地加强不同知识、技能以及情感的有效关联。所以，当前体育教学需要在现代化的信息手段下进行综合管理，通过更加生动和形象的教学内容来丰富当前的高校体育教学课堂，满足不同学生的实际学习需求。

（三）体育教学的自身特点

在传统体育教学当中，很多体育运动难度较大，要想掌握关键内容十分困难，为了提高学生的学习成效，就需要在大量体育运动中掌握运动的特点，通过具有连贯性和科学性的技术方式来增强教学和训练的专业性。目前，很多体育教学很难在有限的课堂时间内进行，这样就会导致学生的学习效果大打折扣。要想让学生真正掌握一门体育技能，就需要通过多元化的教学手段增强动作的连贯性。所以，应用教学信息化平台建设可以更好地加强课外教学资源的有效整合，通过将传统的教学课堂不断延伸，加强课上和课下的有效连接，提高教师的教学水平，增强学生的理解能力，降低传统体育教学中的难度，让学生在观察、学习和模仿中提高自己对不同运动的理解能力，也能够有效提高体育教学的效果。

## 二、高校体育信息化教学平台结构的设置

在设置信息化教学平台结构时，教师首先要了解体育信息化平台对高校体育教学的目的以及任务，详细了解当前大学生课外体育生活以及实际体育需求，这样才能够有针对性地进行体育锻炼，培养学生终身体育的意识。所以，在教学过程中，教师需要加强对课堂教学、课外体育、体育知识以及体育锻炼四大模块的综合分析。课堂教学模块需要对各种体育专项教学内容进行区分，对于足球、篮球、排球、乒乓球、武术、健美操等不同类型的基本技术教学进行区分，按照实际要求进行战术教学、技术应用等不同模块的设置，这样才能够实现高校内部体育教学有效性，体现教学特色。课外体育模块要激发学生对运动的兴趣，通过加强宣传让学生从日常生活中了解相关项目，丰富学生的课外体育生活，同时可以通过组织体育竞赛的方式来吸引学生参与到运动当中，增强课外体育的有效性，营造良好的运动氛围。体育知识模块主要是包括体育基础、理论知识、卫生保健以及锻炼方法、相关原则等综合分析。体育锻炼模块是要按照当前体力锻炼的原则，针对不同性别、不同体质以及不同的需求来制定有针对性的锻炼计划，让学生通过自我锻炼来进行自我提升，从而增强学生的综合素质。

# 三、高校体育信息化教学平台功能作用

## （一）资料查阅

体育信息化平台当中有大量的资料，支持索引和关键词搜索，为学生提供强大的资料储备。教师可以通过信息平台查询不同学生的资料，只有了解学生的实际情况才能制定有针对性的运动锻炼计划。信息平台的应用能够让学生随时随地地登录自己的账号，获取自己所需要的体育知识以及及时了解自身体育锻炼进度，增强了学生自主学习的动力。同时，教师也可以较好掌握学生当前的实际状态。不断加深学生对体育知识了解的广度和深度，这样才能够解决当前高校体育理论不足、课堂内容不全面等问题。

## （二）视频管理

视频教学是体育教学的重点，高校信息化平台当中有很多视频教学内容。传统课堂教学教师难以实现全方位的教学和对细节的呈现，而教学平台系统则能够帮助学生多角度、多方位地进行体育运动。视频教学能加强动作示范、讲解和说明的力度，呈现方式更加生动形象，能满足各项教学内容的需求，能够提高学生学习的效率和质量。同时，学生能随时随地查看体育教学视频，并且对一些有疑问的位置可以反复进行回顾，改善了传统课堂上时间和内容不足的问题。此外，教师可以让学生录制练习视频并上传到平台，再对视频进行专业指导，这样能够激发学生的学习主动性，也能够帮助学生更好地掌握该项运动的技术和动作要领。

## （三）师生互动

如今，高校教学体系已经摆脱了以教师为主导的课堂，而是要以学生为主体，加强学生和教师之间的有效沟通，通过教师和学生的共同合作来完成相应的课程。很多学生在体育学习时，有一些技术问题和相关疑惑，体育教师需要通过平台来解答学生的各种问题。在平台上，学生可以通过匿名提问的方式让教师帮助自己解决身体甚至心理上的问题。这些信息储存在数据库中，能够帮助他人来解决类似的问题。信息平台是师生交流和互动的重要渠道，增加师生之间的情感沟通和情感互动，能够解决学生的学习问题，还能实现学生和教师之间的双向互动，提高学生学习的主动性。

## （四）资源共享

体育信息平台能够提供多种资源及不同的阅读方式，通过资源互享加强对体育资源的综合管理，破解了传统体育学习中不同学生之间很难有效交流互动的难题。平台上教案、视频以及文献资料等十分丰富，教师可以提供各种教学文件以及不同的教学材料给学生参考使用，学生可以及时查看并通过自身情况分享来提升自己。

# 四、高校体育信息化平台的建设模块

## （一）项目管理

在信息化建设过程中，高校需要按照当前体育学习的实际情况制定相关模块，对应用平台和系统进行管理，提高管理质量和管理效率。高校在项目管理中需要设计多个子模块，包含专项运动管理模块、课程设计模块、教师模块。高校在应用子模块的过程中通过对多种项目和科目的设计增强课程的系统性和全面性，增加内容和规则的管理，对学生在校期间的运动情况进行管理。

## （二）课程管理

课程管理主要是针对当前高校中存在的选修课的平台设计。在公共体育课开课的过程中，平台支持学生进行课程的选择和修改，并在内部加入考勤以及成绩模块，对学生的课程表现情况进行信息管理。这个模块能够对学生所有的选修体育课程信息进行涵盖，也方便学生进行教育教学的管理，高效地进行数据分析。

## （三）课外体育活动管理

课外体育活动管理主要是课堂之外对学生活动的监管，通过全面的信息考核和监控才能进行有效的课堂控制。加强对学生名单模块、运动规则模块、视频训练模块的综合设计，使学生达到课外活动的基本要求，为后续监督和考核提供依据。

## （四）跑步管理

很多高校学生选择最多的运动项目就是跑步。跑步是一项很好的运动项目，高校在实际应用过程中需要在信息平台上建立相应的模块，加强对不同学生的跑步管理。通过设计规则模块、锻炼模块以及喜好模块，平台可以记录学生跑步的里程数以及时间，一段时间后，学生可以更好地根据自己的情况制订新的跑步方案。

## （五）体质测试管理

体质测试管理能够对学生身体素质情况进行全程监控，这是促进学生身心健康全面发展的重要基础。体质测试需要对全校学生进行综合管理，所以需要系统的稳定性和全面性。数据库在数据监控方面可以通过信息化的监控手段更好地对测试的结果进行统计与发布，在信息发布、健康测试、预约以及全校学生的数据管理方面进行一体化管理，这样在设计过程中，更能够针对不同学生的实际情况提出可参考的意见。

## （六）考试管理

理论考试管理模块中，教师可以根据本学期的学习要求制定理论考试题库，在期末和随机考试过程中，通过随机题库出题进行测试。题库当中有理论知识、心理健康知识、运动知识、比赛规则等综合信息。学生只要根据自己所需要的考试时间以及考试形式灵活选择就能进行考试。学生在信息平台当中自我作答、自我提交，系统自动核算成绩并进入后台直接与学生期末考试成绩挂钩。这个模块可以根据体育课的实际构成，以及当前课程的进度对成绩进行分类管理。学生可以登录系统查询自己的成绩，教师也可以通过查询或修改学生成绩，保证学生成绩的真实性和实效性。

## （七）学生学期管理

学生学期管理模块能够对当前高校所有学生的综合信息进行管理，不仅能对老生的体育综合信息进行了解，还能够对新生的基本信息、学籍信息、考试信息、班级信息以及教师等信息进行管理，学生可以根据变化到教务处进行学籍信息以及相关信息的更改。在信息系统中变更信息更加准确、安全、有效。同时，不同学期的教学目标不同，学生需要完成的课程内容也不同，在系统中，学生可以对本学期的学习内容以及考试内容进行提前预支，了解从学期开始到学期结束的所有学校生活信息。

## 五、高校体育教学信息化建设的主要途径

### （一）加强教学资源的数字化

在当前的体育教学中，高校需要通过有效的信息化建设来提高教学效果。首先可以加强教学资源数字化，在高校课程进行时，教学资源是教学的重要支撑，只有不断构建符合当前实际需求的教学资源结构，才能满足不同学生和教师的实际需求。在传统体育课堂上，通常是教师进行集合并主导整堂课程，通过集体训练、单独训练的方式进行运动，这种训练模式比较单一，学生很难在有限的课堂上接收大量的体育知识。通过教学信息化建设，高校能够构建数字化教学模块，可以通过全面数字化教学资源库来掌握当前学生的学习内容。信息库中有海量的体育图片、视频、音频以及理论知识，这是重要的教学基本资源库，也能够在教学过程中有效地规范学生的体育运动动作。高校可以根据自身的情况进行资料收集和扩充，有效地将优秀的体育课程和体育知识融入资源库。此外，要进一步加强体育教学信息化建设，高校需要通过完善信息化平台内部管理模式促进学生在平台当中进行自我学习和自我提高。

### （二）加强教学手段的多媒体化

信息化建设过程中，体育教师需要充分利用多媒体手段来进行教学，传统的教学是教师指导，学生模仿，这种方式不能直观地进行学习，很多体育运动的技术要领有诸多难点，传统教学方式很难进行良好的互动和生动形象的教学。而通过多媒体教学手段，学生通过视频教学示范进行自我训练，这样能够有效提高学生的学习积极性和学习效果。以篮球教学为例，一些学生在学习篮球运动时，对于规则和篮球技巧动作掌握得不是很完善，如果没有进行有针对性的指导很难改正，多媒体教学通过短片对相关技术动作进行慢动作回放，采用重复播放等方式让学生切实地看清楚当前的技术难点，大大提升了学生运动方式和运动行为的准确性。此外，在信息化平台中，教师可以通过教学信息资源库查看篮球比赛，吸引学生，激发学生学习篮球的兴趣。

### （三）实现教学平台的网络化

在当前的教学改革过程中，高校需要通过有效的资源共享来实现教学平台的网络化，加强学生和学生之间、学生与教师之间的沟通，搭建良好的沟通平台，只有这样才能够让教师更加了解学生，并在后续的体育课堂中设置更多符合学生实际需求的课程。所以，在教学实践时，高校要通过信息化建设构建有效的网络交流平台，加强信息窗口功能的设计，将教学资源、交流、反馈等不同模块纳入网络平台。此外，高校也可以设计在线网络资源平台，有效地保证教学资源的搜索、浏览、下载一体化，通过网络平台的突出作用增强学生之间和教师之间的了解。此外，在平台当中可以实现与其他学校之间的资源共享，教师通过分享教学

经验，分享自己的课件和一些重要的视频信息，实现大学生对信息资源的获取，以及身体素质的综合发展。

### （四）构建考核模式的信息化

在新的大学生体育运动学习当中，高校需要通过完善的考核系统来加强对教学资源的建设。通过科学的考核和检验才能对当前高校体育教学中存在的问题进行了解，所以高校一定要构建系统的考核模块。高校可以根据自身情况引进有专业特长的教师，同时要引进心理教师，这样才能够在更加全面的体育教育中帮助学生了解自己、提升自己。此外，一些教师在教学时所掌握的运动项目和知识技能不够完善，高校一定要加强课程综合设计，满足不同学生的要求，这样才能够切实地为大学生的体育学习提供帮助。

# 第三节　信息技术在高校体育教学中的应用研究

随着时代的不断发展与进步，高校在具备与时俱进思想理念的基础上，还应该加强对传统教学模式的优化与完善，为高校体制改革目标的有效实现创造良好的环境。虽然在高校招生数量不断增加的情况下，能够使考生落榜失学的问题得到有效解决，并且使我国大学生的数量急剧增加，但是受到师资力量薄弱以及配套教学设施不完善等因素的制约，高校体育教学整体质量受到了严重影响。为了有效扭转这一现状，高校在体育教学过程中，要加强对现代化信息技术的利用，通过将各种现代化信息技术措施与体育教学内容进行充分融合，有效解决体育教学场地有限、教学设施陈旧、教育资源单一等问题。在此基础上，高校要从多元化角度入手，不断加强对体育教学环境的优化，在教师与学生之间实现有效沟通与交流的同时，确保能够充分发挥信息技术的作用与价值，使学生的身体素质以及课堂教学质量得到进一步强化。

## 一、在高校体育教学中应用信息技术的重要性

### （一）能够使高校体育课堂教学效率得到有效提升

我国正式进入互联网时代之后，信息技术凭借自身具有的多元化优势，在人们的日常生活和工作中得到了广泛应用，高校在全面发展教育事业的过程中更离不开信息技术的积极支持。因此，高校体育教师要不断提高自身的信息素养，加强对信息技术的应用，确保体育课程教学整体质量的大幅度提升。在高校体育课堂中充分发挥信息技术的作用，能够使学生无法充分理解的知识内容转变为生动形象的动画或视频，确保学生在趣味性的课堂环境中能够始终保持较大的学习兴趣，加深对相关体育知识技能的理解与记忆。在高校体育课堂教学中提高信息技术的利用率，不仅能够使枯燥乏味的课堂氛围变得生动有趣，而且能使学生的思维更加灵活、创新能力得到进一步提升，在强化课堂教学质量的同时，促进学生身体健康发展。

### （二）能够使高校体育教学模式得到全面转变

由于长期受到传统应试教育的影响，一部分高校体育教师的理念缺乏先进性，在课堂教学过程中，依然采用传统教学模式，教师始终占据主体地位，在课堂中向学生强行灌输知

识，并要求学生模仿教师的动作。教师在花费大量时间与精力指导学生的过程中，虽然能够使学生熟练掌握相关体育运动的内容，但是却无法使学生的身体得到锻炼，难以使学生的运动技能得到进一步提升，久而久之，必然会导致学生对体育课堂产生厌倦。然而，现代化信息技术与高校体育教学进行充分整合，能够使上述问题得到有效解决，教师对现有体育教学模式进行不断优化与创新，突出体现学生主体地位的同时，以学生实际认知需求和兴趣特征为基础，创建一个具有较高愉悦性和轻松性的体育教学氛围，在满足学生体育发展需求的同时，确保学生在良好的学习环境中掌握更多体育知识与技能。

### （三） 能够使高校体育教师与学生建立良好的师生关系

信息技术在高校体育教学改革过程中发挥了不可替代的作用。它能够使教师的思维不断得到更新，通过对学生实际情况的详细分析，为学生制定一套具有较高完善性和合理性的体育教学模式，使学生的身体锻炼需求和体育运动需求得到充分满足。信息技术的使用能够有效拉近学生与教师之间的距离，确保彼此之间建立良好的师生关系，为体育教学工作的顺利开展提供支撑，从而有效实现提高高校体育教学质量和学生身体素质的教育目标。

### （四） 能够使高校体育教学环境得到完善

信息化体育教学是将传统体育知识转化为音频、视频及图片，并以多媒体形式展示给学生，与传统的体育教学相比，可有效优化教学环境，可以帮助大学生在视听教材的指导下更好地将体育理论的抽象知识形象化，从而加深大学生对体育知识的理解和记忆。

### （五） 能够使大学生的综合能力得到提升

在高校体育教学中利用现代信息技术可以设计出运动技术教学的重点和难点，让学生分析比较，提出问题、解决问题，有效提高学生的综合能力。例如，在立定跳远教学时，体育教师可先将学生分成几组，让他们通过仔细观察、分析、比较、沟通和讨论，总结出"立定跳远"的注意事项和动作要领。在这个过程中，学生不仅掌握了立定跳远的相关知识和技能，而且掌握了良好的学习方法。

## 二、高校体育教学中应用信息技术的有效途径

### （一） 为学生创建具有较高愉悦性和轻松性的体育教学环境

体育信息技术主要是通过多媒体技术和计算机技术充分发挥自身的作用与价值，以文字、图片、音频、视频等方式充分呈现各种各样的信息，改变传统体育教学受时间和空间因素制约的现状，确保学生能够在任何时间和任何地点通过互联网和计算机学习相关知识与技能。例如，学生可以登录教学平台，对网络教学课件信息以及体育动作练习技巧进行查询，教师可以利用图像、音频、视频等功能，对学生的感官神经进行刺激，将具有较高抽象性和复杂性的体育教学内容进行具象化转变。这不仅能够使学生的学习热情得到全面激发，引导学生全身心投入信息技术带来的体育教学环境中，而且能确保相关知识与技能的教学更加深入，进一步实现提高教学质量和效率的目标。

体育信息技术能够使书本中具有较高抽象性的体育知识和与动作技巧转变为极具生动性的动画与音频，教师在教学过程中也可以结合学生学习情况随时暂停和反复观看，不仅能够

将视频内容与教师讲解有效整合，提高学生对具体知识内容的充分理解，而且在学习难度较高以及速度较快的动作时，教师还可以通过暂停播放或慢动作播放，使每一个动作细节清晰地呈现在学生面前，确保高校体育教学存在的缺陷问题得到妥善解决，为学生充分掌握体育知识与技能提供有力支撑。

## （二）为教师树立具有较高现代化和前沿性的体育教学理念

在我国社会现代化发展程度全面提升的背景下，高校体育信息教学设备的种类与功能趋于完善，大部分高校目前已经专门建立了电脑室和多媒体教室。然而，由于一部分高校体育教师自身所掌握的信息技术能力和信息知识水平有待提升，无法熟练操作各项教学设备，导致高校体育教学课程的有效开展受到了严重制约。为了尽快解决这个问题，高校体育教师必须对传统教学理念进行全面改革，不仅要具备与时俱进的思想意识和创新意识，而且要通过积极参加培训活动，开展自主学习，进一步充实自身的专业技能，掌握大量现代化信息技术和多媒体设备的操作方法，在高校体育课堂教学中充分发挥信息技术具有的各项功能。

在高校体育信息技术的教学过程中，教师要充分掌握多元化信息技术，具备灵活应用各类教学软件的能力，并且为学生建立一个完善的体育教学互动平台，从而以具体教学内容和学生实际学习情况为依据，对教学设计进行合理调整。在此基础上，积极引进大量丰富的现代化教学方法，在充实体育课堂教学内容的同时，开阔学生的视野，调动学生的参与热情，提高体育课堂教学质量。

## （三）建立具有较高科学性和可行性的信息技术教学平台

将现代化信息技术与高校体育教学充分整合，共享互联网中海量的信息资源，不仅能够为教师开展体育知识教学提供丰富的素材和灵感，而且能使学生在任何时间和任何地点利用网络学习相关内容。因此，高校在灵活运用信息技术的基础上，建立校园体育网站，在网站中上传大量与学生体育训练有关的信息资料，确保教学资源共享目标有效实现。

高校还可以为学生建立一个体育教学平台，鼓励学生在平台的交流模块中向同学和教师积极反馈自身在体育训练过程中遇到的问题与疑惑，从而在同学和教师的帮助下，制定一套切实有效的针对性措施，解决相关问题与疑惑。例如，体育教师可以将学生日常训练拍摄成短视频并且在全班同学面前播放，鼓励学生对体育运动的细节进行分析，在此基础上，向学生详细讲解各项运动的具体细节标准，要求学生在后续锻炼过程中重视细节，从而提高学生体育动作的规范性。然后，教师将学生改正之后的体育动作再次录制成视频并制作成教学课件，上传到校园网络平台。通过这样的方式，教师与学生能充分共享体育教学资源，有利于全面提升高校体育教学的有效性。

## （四）不断加强对学生信息视野和体育视野的拓展

全面落实教育改革各项措施，能够全面实现高校各学科教学转型目标，促进高校体育教学从传统纯体能教学逐渐朝着素质教育的方向转变。在时代不断变化发展的带动下，高校学生对体育课程的需求发生了翻天覆地的变化，传统体育教学模式已经无法满足现代化社会大学生对自身身体素质和体育素养的多元化需求，因此，学校必须将体育课程改革工作提上日程。

传统高校体育教学模式缺乏先进性和全面性，与现代社会大学生对信息技术的实际需求相背离，导致学生无法对体育教学产生积极的参与热情，甚至会出现严重的抵触情绪和抗拒心理。将现代化信息技术充分运用到高校体育教学中，能够利用信息技术的趣味性和多功能性，使学生对体育知识的学习热情和开展体育运动的积极性得到全面激发。例如，开展慕课课程，满足高校大量学生共同参与课堂教学的需求，降低教师教学负担，不仅能够使体育教学内容更加生动、具体地呈现在学生面前，而且能使传统复杂、难以理解的体育知识更加通俗易懂，从本质入手，对体育教学方式进行全面改革，为进一步提高高校体育教学质量提供技术支持。

## 三、高校体育教学应用信息技术需要注意的问题

信息技术虽好，但是任何事物都具有两面性，所以，在高校体育教学当中引入信息技术尤其需要注意结合教学与学生的实际需要，在使用信息技术的过程中，需要最大限度地扬长避短。

第一，坚决杜绝为了使用信息技术而将学生与实际生活和社会实践之间的联系彻底切断的情况发生，更不能为了提高信息技术在高校体育教学中的地位而使学生丧失参与体育实践活动的机会，从根源入手，有效解决信息技术与体育教学活动相对立的问题。

第二，高校体育教师要尽可能避免为了开展信息体育教学严重忽视实际教学情况而一味照搬照抄的情况发生，必须确保信息技术手段与实际教学内容高度契合，通过对教学资源的合理调整，使教学内容能够充分满足教学需求。

总而言之，在信息技术飞速发展的现代化社会背景下，高校体育教学在提高学生身心健康发展水平层面的重要性越来越明显，对体育课程教学展开积极的改革与优化，能够使体育教学的作用得到充分发挥。因此，高校应该从思想和行动层面入手，对信息技术在提高体育教学质量层面具有的重要性给予正确认知和高度重视，对信息技术与体育教学在互相融合过程中存在的问题进行详细分析，明确了解相关问题产生的原因，并采取对应措施妥善解决。在此基础上，将现代化理念以及多元化措施不断应用到信息技术中，提高信息技术的优越性和完善性，从而在信息技术的积极推动下，使高校体育教学整体质量实现质的飞跃，为全面提高学生体育素养和身心健康水平贡献积极力量。

# 第九章 高校体育网络化教学设计研究

## 第一节 网络教学概述

### 一、相关概念

#### (一) 网络教学

网络教学是利用计算机设备和互联网技术实行信息化教育的教学模式。借助互联网平台可以实现异地、实时的教学和学习，将多媒体视频、音频、图像、动画等资源融合在一起。网络教学的主体是教师和学生，教师制作多媒体课件或开发网络课程时参考教学大纲、学生学习特征和学生认知水平，有针对性地调整课程、课件内容，将制作好的多媒体课件或网络课程与相关资源、扩展信息发布到网络教学平台。学生则通过网络设备接入到网络学习平台，按教学要求选择课程或针对自身特点进行学习，同时师生双方可通过平台的交流模块针对学习问题及时进行交流。

#### (二) 网络教学管理平台

网络教学管理平台是以互联网为基础的现代远程教育的支撑平台，是为在网络上进行学习的学习者和教育者提供交流的平台，可以方便教育者进行授课、答疑、谈论以及作业的批注。它是支持共享和交互的平台，为学生的学习质量提供了一定的保障且符合统一的标准，它是现代网络教学必备的教学支撑平台。

网络教学管理平台建立在网络教学平台的基础上，教师可以在这个教学平台上开设教学课程，方便学习者自主选择要学习的课程和学习内容。不同学习者之间根据教学内容来进行交流互动，教学活动围绕着教师的"教"和学生的"学"来开展，方便教师和学生进行讨论和交流。它是支撑教学活动最重要的应用管理系统，为教师和学生提供了良好的施教环境和网上学习环境。同时，将学校教务管理平台的内容进行融合，教师可以在平台上对学生的作业进行批注，可以编辑教学课件，可以在线对学生进行考试等。平台可根据教学的课程需要定制个性化的学习工具。同时，学生可以在这个平台上选修课程，安排学习计划，查看选修课程的内容，向教师提交作业，汇报协作学习的情况，等等。

#### (三) 网络教学模式

网络教学模式是在一定的教学思想和教学理论的指导下，依托计算机网络技术，为实现一定的教学目标而构建起来的较为稳定的教学结构框架和教学方式。网络教学模式突出网络在师生教学活动中的重要地位和作用，结构合理的网络教学模式不仅可以充分发挥网络的优势，还可以有效提高学生的学习效果。

网络教学模式主要有以下几种。

### 1. 讲授式网络教学模式

讲授式网络教学模式的特点是以教师为中心，系统授课。这种教学模式是传统的班级授课教学在网络教学中的新发展。讲授式网络教学模式是以网络为教师和学生的通信工具进行的以讲授为主的教学模式。利用互联网实现的讲授型网络教学模式可以分为同步式和异步式两种。同步式讲授除了教师、学生不在同一地点上课之外，学生可在同一时间聆听教师讲课，师生间有一些简单的交流，这与传统教学模式是一样的。异步式讲授只要利用互联网的万维服务及电子邮件服务就可以很简单地实现，这种模式是由教师将教学要求、教学内容以及教学评测等教学材料编制成 HTML 文件，存放在 Web 服务器上，学生通过浏览这些页面来达到学习的目的。这种模式的特点是教学活动可以 24 小时进行，每个学生都可以根据自己的实际情况确定学习的时间、内容和进度，可随时在网上下载学习内容或向教师请教。其主要缺点是缺乏实时的交互性，对学生的学习自觉性和主动性要求较高。

### 2. 演示式网络教学模式

教师根据教学的需要，利用网络向学生演示各种教学信息，它们可以是教师装载的 CAI 课件，也可以是来自校园网或互联网上的教学信息。在这种模式中，网上的教学信息一般可分为四类：最简单的一类就是将有关的板书内容、教学挂图、实物模型等通过电脑处理后传递给学生，相当于一台高效率的、可灵活控制的投影机；第二类是对各种场面的模拟，使学生在教室中就能体验到与实际情况相类似的情境；第三类是形象化的各种抽象的内容；第四类是在实验室不能或不易完成的影响学生健康或者费用很高的实验。这种教学模式是传统教学模式的直接延伸，教学中还是教师讲学生听，教师展示学生看，教师通过网络面向全体学生传授知识，学生的被动地位没有改变，网络的教学功能没有得到充分发挥。但由于教学经费、教师水平等因素的限制，在相当的一段时间内，这种模式仍将是许多学校网络教学的主要模式。

### 3. 探索式网络教学模式

探索式网络教学模式可分为六个阶段：①教师提出问题阶段；②对教师所提问题进行分析阶段；③搜集有关解决问题的信息阶段；④对所获信息进行综合分析阶段；⑤抽象提炼信息上升到理论阶段；⑥对结论进行反思阶段。学生在独立学习、探索和获取知识的同时，也提高了独立解决问题的能力和技巧。探索式网络教学模式技术简单，容易实现，价格低廉，又能有效地促进学生学习的积极性、主动性和创造性。尤其是学生在学习过程中身负两种角色，既是知识的学习者，又是解决问题的研究者、探索者。它能有效克服传统教学过程中学生总是被动接受知识的弊端，是培养适应未来社会发展的创新型人才的有效途径。

### 4. 讨论式网络教学模式

讨论式教学模式的特点是师生之间相互交流，教学采用启发式，注重对问题的讨论。中国古代的孔子、古希腊的大师柏拉图留下来的教育经典大都是以问答的形式表述的，因此这种教学模式的渊源是最为久远的。在基于网络进行的讨论式教学模式中，常常采用 BBS 或 E-mail 列表进行关于特定问题的讨论和解答。这种基于讨论式的教学模式在经费开支上的低廉和易管理性，使得这种模式在现代网络教学中应用得比较多。

### 5. 信息收集整理式网络教学模式

在这种模式中，教师首先向学生提出问题，然后引导学生查询、收集网络所提供的多样化的、丰富的信息资源，并帮助学生对收集的信息进行筛选、分析和重新组织，结合学生自己的观点，提出解决问题的方案。此外，这种模式有利于跨文化的交际，网络为学生提供了接触各国信息与文化的条件，促进了学生对外国文化与文明的了解，弥补了传统教学很难提供外国文化环境的缺陷，使学生能将所学的语言与其所在的文化环境相融合，从而拓宽学生的视野，并有助于学生外语水平的提高。

## 二、网络教学的特点与原则

### （一）网络教学的主要特点

#### 1．开放性

自由开放的网络、四通八达的站点，意味着教师不再只是知识的传授者，学生也不再是被动的接受者，他们将有更多的自主选择的机会。为了适应信息时代的这种变化，教师在"传"学生各门学科理论之"道""授"学生参与社会生活之"业""解"学生面对新矛盾新问题之"惑"的过程中，必须面对"道"更高、"业"更多、"惑"更深的现实，把教学的重心由单纯传授知识转移到引导学生学习、培养和提高学生的能力上来。

#### 2．交互性

通过网络教学系统，教师可用"电子讲座"的形式把教学内容与要求传递给学生，再通过智能化的评估系统迅速地了解学生的掌握程度，并进一步根据存在的问题及时调整教学方案和实施办法；学生也可以根据自身需要，从中选择更加适合自己的教学内容，并通过"电子举手"的方式，把学习中遇到的问题、产生的感受及时反馈给教师；同学之间还可以通过"电子论坛"的形式展开讨论。"教"与"学"是对立统一的矛盾双方，它们正是在这种网络联系和双向沟通的互动中，得以不断地调整和发展。

#### 3．共享性

计算机辅助教学首先改变了几百年来的一支粉笔、一块黑板的传统教学手段。它以生动的画面、形象的演示，给人耳目一新的感觉。计算机辅助教学不仅能替代一些传统教学的手段，而且能达到传统教学无法达到的教学效果。在传统教学模式下，教师之间分工协作的缺少，必然导致教学上的低水平重复劳动。网络教学已经为课堂教学摆脱封闭的教学模式、构建开放型的教学方式提供了美好的前景。

### （二）网络教学的基本原则

（1）在网络环境下教学，教师必须找准教学内容与教学方法的最佳结合点，符合教学各个环节的具体特点，如"网络教学目标系统""网络教学课堂系统""网络教学检测系统"等真正有利于优化教学目标的制订、实施和检测。

（2）在网络环境下教学，要体现学生的主体地位，这有利于培养兴趣、启发诱导并真正调动学生参与教学的积极性、主动性和创造性。学生可以自主学习，自己支配学习的节奏、内容，给自己的思维留下一定的时间、空间，还可以重复学习某事件，强化学习效果；当然，对自主学习能力差的学生来说，也有较大的局限性。例如，利用网络动态交互的特点，教师要做到在及时发现学生存在的问题与不足、发挥学生的合理想象、发掘学生的创新精神与能力的基础上，或者加以弥补修正，或者加以点拨提高，或者加以引导培养，把教师作为引导者的作用和把学生作为学习主人的地位紧密结合起来，真正做到从教学对象的实际出发。

（3）在网络环境下进行教学，教师要注重个性化教学，彻底改变过去那种单一的"大会堂听报告"式的课堂教学模式，使之更加符合教育学的规律，更能适应各种学习情况和各类学生的差异。根据学生完成教学目标的成绩统计，针对他们在知识水平、理解能力、运用能力等方面的差异，教师完全可以利用网络教学的优势，通过设置不同的情境、演示不同的事例、提出不同的问题、进行不同的启发、提供不同的方法、作出不同的要求等，使不同层次的学生都有完成教学任务的机会。这一教学模式切实做到了因材施教，能够全面提高全体学生的素质。

# 第二节　高校体育教学网络课程的设计与开发研究

网络课程是信息时代的必然产物，有助于促进高校体育教学的发展。在现阶段的背景下，教育部门大力推行"新世纪高等教育教学改革工程"，关键在于对传统的高校体育教学模式进行大刀阔斧式的改革，设计并开发体育教学网络课程，提高高校体育的整体教学水平。

## 一、高校体育教学网络课程设计与开发的基本原则与指导思想

（一）基本原则

高校体育教学网络课程设计与开发的基本原则集中体现在便于学生学习与突出课程特点两个方面，具体如下。

1. 便于学生学习

作为教学活动的主体，体育教学网络课程的设计与开发必须要以方便学生学习为基本原则，以高校学生的生理发展特点以及合理的心理诉求为依据，结合其文化层次较高的实际情况，在深入分析高校学生各项基本需求的基础之上，以便于学生学习与使用为标准对高校体育教学网络课程进行设计与开发。

2. 突出课程特点

高校体育最为直观的特点在于"实践性"与"运动性"。"实践性"指的是网络课程仅可为高校学生提供体育运动理论层面的知识，学生并不能通过这些去掌握体育运动的基本技能，而是需要亲身实践去加以体会学习，在实践的过程当中发现错误并纠正错误。"运动性"指的是在体育教学活动当中，无论是篮球、足球，或者是田径等均会牵涉到身体的运动，这也是高校体育教学网络课程与其他学科课程的根本区别所在，以身体的运动为载体，促使学生学习运动并喜爱运动。

（二）指导思想

对于高校体育教学网络课程的设计与开发，其指导思想可总结为灵活性、便捷性、交互性和丰富性四点，具体如下。

1. 灵活性

在网络课程之下，采用的多为"分布式异步"以及"集中式同步"两种教学模式，前者

指的是根据学生的个人特长制订具有针对性的教学方案，后者指的是统一式的体育教学，多为理论教学。学生可根据自身的喜好与需求选择不同的教学内容并完成自主学习，这体现了高校体育教学网络课程的设计与开发的灵活性。

**2. 便捷性**

高校体育教学网络课程的相关操作应当力求简单便捷，如果含有高度复杂的操作技巧，将会妨碍学生上网自主学习，降低学生的积极性。高校体育教学网络课程的便捷性集中体现在界面设计的简洁明快方面。

**3. 交互性**

高校体育教学网络课程的交互性主要指的是"人机交互""师生交互""生生交互"三类，有助于体现高校体育教学网络课程的生动性与多变性，在交互性的基础上，打造形式多变与交互性强的高校体育网络课程学习环境。

**4. 丰富性**

丰富性主要指的是教学资源库资源的丰富性。学生通过教学资源库获取体育运动的相关知识，丰富多彩的教学资源库满足了学生的不同需求。

## 二、高校体育教学网络课程的设计与开发

### （一）分析选题

高校体育教学网络课程设计与开发的选题与定位需要以社会需求与学生需求为立足点加以分析，具体如下。

**1. 社会需求**

作为现代重要的教育手段，网络教学是社会发展的必然趋势。然而，目前我国高校在体育网络教学课程的设计与开发方面尚存在明显的不足，实践较少。因此，我国高校需要集合本校的研究课题与信息水平，建设具有高度应用价值的高校体育教学网络课程。

**2. 学生需求**

随着课程数量的增多，高校学生的课时数不断受到压缩，课堂教学与网络教学的结合，可帮助学生在有限的课时当中掌握更多的体育知识。大学教育的宗旨是"授人以渔"，而非"授人以鱼"，体育教学网络课程可促使这一教学目标的实现。

### （二）撰写脚本

**1. 制作脚本**

制作脚本是脚本撰写当中的重要内容，以其为载体，有助于把各项体育教学的知识主题当中的超媒体结构以各种媒体表现出来，以打造"变虚为实"的高效体育教学网络课程学习环境。以 Web 应用程序为虚拟平台（图 9-1），集成动画、音频、文本等，将虚拟层面的知识转化为现实层面的多媒体应用程序，开发并设计可供共同使用的教学管理以及学习认知等工具。

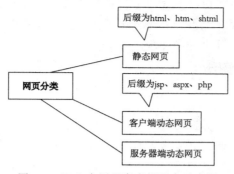

图 9-1　Web 应用程序虚拟平台示意图

## 2. 文字脚本

在对文字脚本的撰写过程当中，开发人员除了要充分考虑教学的重要知识点，还需要以文字的形式将教师的整个理论知识讲解过程完整而清楚地表达出来，对其中的技术动作难点、要点以及错误纠正方法等必须要加以注明。此外，在引进超文本链接、视频、音频、图片等形式时，开发人员也必须要做出明确的标记，以便后期制作者辨别与使用。撰写之时，需要遵循两项基本依据：一是高校体育教学特点，二是拟定的教学大纲。

### （三）结构设计

#### 1. 功能结构

满足教师与学生的基本使用需求是高校体育教学网络课程功能结构设计的核心原则。高校体育课程学习具有明显的"运动性"，因此在进行功能结构设计的过程当中，可以以视频教学为主，剪切著名运动员的比赛视频，并进行慢镜头处理，搭配专业的解说，对某项运动技术的要点、难点等进行详细的讲解，以确保学生的体育技能学习效果。还可采用 Flash 动画的形式进行趣味性的演示与解说，既可产生提高学生学习兴趣的效果，也可以对具体的战术实现动态变化的演示。Flash 动画制作流程如图 9-2 所示。

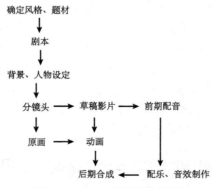

图 9-2　Flash 动画制作流程

#### 2. 知识结构

高校体育教学网络课程的知识结构设计可具体划分为三级结构：第一级为总目录，列举各项运动项目，包括田径、足球、篮球等。总目录提供超链接功能，用户点击各体育项目即可进入到二级结构当中,在各单项页面之上进行更为详细的浏览。二级结构的单项页面也列举有该项目的细分章节内容,点击即可进入第三级结构,主要的学习内容在此页面进行更为具体的划分与解释,学习内容全面而详细。一、二、三级页面均设计有导航键,以帮助用户转入其他页面,便于学生操作。

### (四)界面设计

高校体育教学网络课程的界面可分为操作界面与显示界面两类,界面作为人机互动的窗口,其重要性不容忽视。因此,开发人员在进行界面设计之时,需要遵循操作方便、简洁明快、可控性强等设计原则,具体如下:

第一,不同的内容以新开窗口的形式进行呈现,注意确保各个窗口之间可实现随时任意切换与大小的调整,提高个性化设置,以迎合使用者的不同心理诉求。

第二,在二级以及三级页面的设计方面,其切换按钮必须直观而简明,将其位置设计于学习内容的左上角部位,为使用者进入下一页面提供高度的便利性。

第三,功能菜单按钮需要形象而生动,选择屏幕的上方作为常驻位置,便于使用者切换浏览页面。

此外,界面设计还需要附带反馈栏,体育教学与其他教学活动有着较大的区别,强调理论与实践并重,以网络学习的形式建立基本的体育学习概念之后,需要通过实践对其进行深化理解。鉴于此,界面设计必须附带反馈栏,以便学生在学习过程当中遇到问题可及时向教师请教与咨询,反馈栏附近列举不同学习内容的负责教师的联络方式,如微信、微博、QQ等。

### (五)导航设计

作为高校体育教学网络课程的重要组成部分,导航的作用集中体现在引导学生进入页面、提高学习效率方面,有助于减少其他信息的干扰。以高校体育教学网络课程的实际情况为依据,常见的导航方式有四种,分别是浏览导航、线索导航、演示导航和书签导航。例如,某市一高校,其体育教学网络课程的导航主要实现方式为导航图与图文链接,各个不同的页面均带有前进/后退的图标,且各个图标之间保持高度一致。此外,任何页面都设计有可随时进入主页的图标,图标形象而生动,如足球项目则以足球表示,篮球项目则以篮球表示,田径项目则以奔跑的人形表示,学生点击之后便可直接进入该项目的页面。

总而言之,高校体育教学网络课程的实施是现代远程教育的重要工程,有助于打造开放式的教育网络,打造完善的高校体育教育体系。高校体育教学网络课程设计与开发是一项系统而复杂的工作,必须要在明确基本原则与指导思想的基础上,采取科学的设计与开发方式,以提高高校体育教学网络课程的整体使用水平。

## 第三节　多媒体网络教学平台在高校体育教学中的应用研究

随着信息化技术、大数据技术、人工智能技术的快速发展,学生接受知识的方式已经发生了很大变化。影响学生对体育课程缺乏兴趣的因素有很多,如教学方法比较陈旧,教师的综合水平较低等,这些都会导致学生在学习的时候渐渐失去兴趣。多媒体网络教学是现代化教学模式的重要体现,高校应该积极加强对多媒体教学平台的应用,借助多媒体平台和互联网资源，开展有针对性的教育，培养学生的体育精神。

# 一、多媒体网络教学概述

## （一）多媒体网络内涵

"多媒体"一词译自英文 multimedia，到目前为止，对于多媒体尚无准确的定义，从字面意思来看，多媒体是由媒体复合而成的，意思为"多媒介"或"多方法"。一种通俗的、直观的解释是将文本、音频、视频、图形、图像、动画等多种不同形式的信息表达方式的有机综合称为多媒体。人们普遍认为，多媒体是指能够同时获取、处理、编辑、存储和展示两个以上不同类型信息媒体的技术，这些信息媒体包括文字、声音、图形、图像、动画、视频等。从这个意义中可以看到，我们常说的多媒体最终被归结为一种技术。事实上，也正是由于计算机技术和数字信息处理技术的实质性进展，我们今天才拥有了处理多媒体信息的能力，这才使得多媒体成为一种现实。因此，我们现在所说的多媒体常常不是指多种媒体本身，而主要是指处理和应用它的一整套技术。因此，多媒体实际上常常被当作多媒体技术的同义语。另外，我们还应注意到，现在人们谈论的多媒体技术往往与计算机联系起来，这是由于计算机的数字化及交互式处理能力极大地推动了多媒体技术的发展。通常可以把多媒体看作先进的计算机技术与视频、音频和通信等技术融为一体而形成的新技术或新产品。网络是指"将地理位置不同且有独立功能的多个计算机系统，通过通信设备和通信线路连接起来，在网络软件的支持下实现彼此之间的数据通信和资源共享的系统"，又叫"计算机网络"。"多媒体网络环境"指的是在广域网（Internet）中可以进行文本、图形、图像、动画、音乐、声音等各种信息的处理和组合的数字化环境。

## （二）多媒体网络教学的定义

对于多媒体网络教学目前尚无统一的定义。笔者通过对相关文献资料的查阅、总结与对相关专家的咨询，将多媒体网络教学定义如下：所谓多媒体网络教学就是结合计算机网络技术和多媒体技术进行教学的一种全新的教学方式；多媒体网络教学是多媒体技术在互联网技术支撑下的实施，将枯燥、乏味的课堂知识以声音、图像、影视、动画的形式形象地呈现出来，借助计算机网络技术，实现真正的交流和讨论的教学方法。

## （三）多媒体网络教学的特点

### 1. 直观性
多媒体网络教学能突破视觉的限制，多方位地观察对象，并能够根据需要突出要点，有助于理解和掌握。

### 2. "图、文、声、像"并茂
多媒体技术所具备的声、形、光、色这种特质，在课堂教学中可以启迪学生的智慧，激发他们的奇异想象，多角度调动学生的情绪、注意力，提高学生的学习兴趣。

### 3. 动态性
有利于反映事物的发展过程，能有效地突破教学难点。

### 4. 互动性

借助多媒体网络环境，实现了灵活的"人机对话"。能让学生更多地参与，学习更为主动。

### 5. 信息量大

教师不用当堂板书，所讲内容基本都体现在多媒体上，节约了空间和时间，提高了教学效率。

### 6. 可重复性

多媒体中的教学内容可以重复播放，不仅可以减少教师工作量，还有利于突破教学中的难点。另外，教师还可把课件通过网络传给学生，便于他们课下消化和复习。

### 7. 针对性

多媒体网络教学使针对不同层次学生的教学成为可能。

## 二、多媒体网络教学在高校体育教学中应用的重要性

体育锻炼可以有效地提高学生的身体素质，而且能够对学生的心理进行塑造，对于学生来讲十分重要，尤其是一些心理和精神压力较大的学生，他们通过体育训练可以发泄情绪、宣泄压力，让负面情绪消失。体育教学在高校教育体系中具有更加重要的意义，因此开展体育教学创新势在必行。多媒体网络教学平台是开展网络教学的重要渠道，开展网络教学也是未来高校教育创新的一个具体方向。多媒体网络教学在高校体育教学中应用的重要性体现在以下几个方面。

### 1. 突破传统教学的限制，提高教学灵活性

多媒体网络教学平台的应用彻底改变了传统的教学模式，以计算机网络为基础，以互联网的巨大功能为教学辅助，使学生的学习不受时间和空间的限制，提高了教学的灵活性，能够有效提高教育教学质量。多媒体网络教学在高校体育教学中的应用真正打破了传统单一的教学模式，为学生提供了开放性的学习环境和更加丰富的资源，无形之中增强了学生独立思考问题和探索问题的能力。

### 2. 促进高校体育教学发展，提升教学质量

多媒体网络教学平台的应用对于高校体育教学发展以及教学质量的提升有非常重要的作用，因为体育是以锻炼身体为主的学科，其教学目标是增强学生的身心健康。在体育课上，最关键的就是要不断运动，开展实践练习，如果没有体育运动，就失去了体育课程的本质与精髓，当然，传统的体育课堂教学模式还是有一定优势，网络教学不可能发展为一种独立的教学方式，而是对传统教学的一种补充和辅助，多媒体网络教学是现代教学体系中不可或缺的内容，多媒体网络教学和传统教学的有机融合，可以给学生更好的体验，让学生在课堂上学习到更多有用的知识，这为高校现代化教学发展奠定了基础。

### 3. 拓展学习资源，提高学生知识水平

多媒体网络教学平台最大的特点就是学习资源十分丰富，学生可以从中获得大量学习信息和资源，学生的视野变得越来越开阔。网络教学还有效地解决了学生学习过程中的时效性问题，学生掌握了信息之后就在无形之中增加了自主学习的能力，提高了自己的知识水平。另外，网络教学平台上的资源共享也为高校体育教学开辟了新的道路，给学生提供了汇集信

息的资料库，资料的种类很多，包含各种各样的体育新闻信息、体育产品、体育课件等，而且学生还可以在网络上选择其他的学习内容，这也是传统的教学模式不能达到的。

4. 增强教师与学生的互动性，提升教学效果

在体育教学的过程当中，教师的完美动作示范并不能让学生实际提高运动的水平与效果，也就是说，增强互动性才能够提高学生的接受能力。通过多媒体网络教学平台的应用，学生可以与教师进行良好的互动，随时随地查看教师上传的相关教学动作分解视频，从而利用自己的碎片时间学习动作的技巧，观察教师的每一步分解动作，在这样的方式下学生精力可能会更加集中，并且在反复训练的过程当中，对比自己的动作与视频当中的差异。另外，体育教师也可以通过移动终端设备来查看学生的实际打卡率，检查学生的学习成绩，最大限度地还原学生的动作演示过程，从而发现学生学习当中存在的难点，提高实际的教学效果。

## 三、多媒体网络教学在高校体育教学中应用的问题

在高校体育教学中应用多媒体网络教学时，会因为应用的学校环境不同、条件不同、面对的学生的实际情况不同而遇到各种各样的问题，总体而言，以下几种问题较为普遍。

（一）网络教学资源的数量有限，质量不高

在将多媒体网络教学应用于高校体育教学时，网络教学平台中教学资源的数量有限，而且质量不高的问题十分普遍。目前涉及多媒体网络教学的高校，网络教学的内容多数都是以体育基础理论为主，关于体育技战术教学的内容较少，而且并没有很好地利用多媒体技术和网络技术来突出多媒体网络教学的特点，限制了教学资源质量的提升，影响了学生利用网络教学平台进行学习的积极性。

（二）教师的网络教学技术水平有待提升

多媒体网络教学作为一种全新的教学方式，在进行高校体育教学时，部分体育任课教师常常会因为自身网络教学技术水平有限，而影响多媒体网络教学作用的充分、有效发挥，无法满足多媒体网络教学的开展条件。

（三）多媒体网络教学的基础建设工作有待完善

多媒体网络教学的基础建设工作涉及硬件和软件两个方面。部分高校的网络教学设备，如投影仪、计算机、摄录设备以及音响设备等均安置在固定的教学地点，使用时必须要走烦琐的申请流程，部分学校甚至这些设备都不完善，以至于影响了多媒体网络教学在高校体育教学中的应用。而在软件方面，很多学校都忽视了对相应软件的开发与应用工作，影响了多媒体网络教学在高校体育教学中的有效应用。

## 四、多媒体网络教学平台在高校体育教学过程中的应用策略

（一）建立体育教育专业网站

虽然传统的体育课程教学有明显的优势，但是在现阶段，单纯地应用传统的方法进行教学并不能达到良好的效果，开展网络教学并不是对传统教育教学的否定，而是在积极探索新的教学模式。多媒体教学平台将会满足现代教学的需求，在高校体育教学过程中可以将一系

列的知识理论作为基础，在学校内部建立体育多媒体网络教学平台，让学生可以从网络上收集到更多有用的学习信息，多媒体网络教学平台使学生教育进入新的阶段。同时，学校应注重对教育信息的完善，对各种相关的体育教学软件进行应用，建立全国性体育网站，并且在网站之间实现互联，形成全国性的教育网络，真正改变学生的学习习惯。另外，从学校的角度来讲，学校应建立自己的体育教育主页，在网站内容方面，应提倡所有的体育教师都积极参与进来，让网站的内容更加丰富、涉及范围更广。为了激发学生的学习积极性，体育教师还可以定期组织体育成绩比较不错的学生发表更多与体育相关的文章，通过筛选，选出一些比较优秀的文章放在网站上，供更多学生学习、参考。

## （二）创新教学方式

高校体育教学过程中，教师应根据学生的个体实际情况开展教学，让学生明白体育课程的独特性、趣味性，从而不断提高学生对体育学习的热情和积极性。在多媒体时代，体育教学方式也可以不断创新，高校可以利用多媒体网站开展创新教育，教学平台中的核心模块主要是为了辅助高校教学，本模块应包含对于本课程的介绍、课程安排、教案设计、课件下载、教学视频直播等子模块，每一个子模块都具有不同的作用，教师可以根据教学进度、教学需求选择教学平台中不同的子模块开展教学。例如，对于教学过程中的一些难度比较高的技术动作，教师可以采用视频方式进行展示，让学生能够更加直观地看到这些动作的细节，使学生更好地掌握各种动作要领。再如，在教学过程中可以开展微课教学，教师将教学过程中的一些重点和难点内容制作成微课视频，让学生对体育课程的重点和难点内容有所了解，并且能够在课后对这些难点与重点内容进行学习，真正提高学习水平。

## （三）提高体育教师的网络信息化能力

互联网是一种新颖的高科技产品，在教育教学过程中，教师对互联网技术、计算机技术的运用能力将会直接影响教学质量，有的教师对计算机和网络知识比较熟悉，也能够熟练地进行各种网上操作，利用电脑实现人机、人与人之间的有效沟通，但是有的教师的信息技术水平较低，对这些新技术的掌握不到位。因此，高校必须要加强对教师的培训教育，不断提高教师的网络信息化能力，运用网络技术，在网络教学中突出学生的主体作用，让学生能够更加主动地学习。同时，网上的体育教学信息可能会发生无序化情况，这也需要教师具备较高的信息化能力，对网络中的信息进行整合、分类，让学生能够一目了然地了解这些网络信息，给学生提供正确的学习方法、学习资源，提高学生的自学能力。

## （四）改善传统的评价模式

在体育课堂教学改革过程中，高校要形成配套的考核与评估体系，对传统的考核评价模式进行改进。游戏教学法的应用，使得体育教学模式发生改变，课堂氛围发生改变，因此也必须转变传统的评价模式，开展综合评价，对学生的综合能力进行考评，尤其是在互联网教学背景下，学生的学习环境发生了改变，在对学生进行考核的时候，不能完全使用传统的方法，必须要结合现阶段的教学特点。例如，多考核学生在日常实践练习过程中的表现，对学生的组织能力、团队协作能力等进行考核，不能只是看期末的考试成绩，实现对学生的全面考核与评价。

（五）加强交互

在多媒体网络教学平台应用过程中，多媒体平台为学生的学习奠定了坚实基础，也给学生提供了交流与沟通的渠道。学生与学生之间、学生与教师之间可以通过互联网平台、社交软件等进行实时交互，教师可以对学生进行答疑，学生之间相互交流也能拓宽学生的思维和眼界，从而有效提高学生的学习水平。

综上所述，在高校体育教学过程中，教师应不断培养学生的学习兴趣，从改变教学模式、设计课堂情境、改变教学评价模式等方面着手，加强对多媒体教学平台的应用，真正改变学生的学习模式，让学生能够从网络中获得更多的学习资源，有效提高体育学习水平。

# 参考文献

[1] 杨艳生．体育教学改革与创新实践研究［M］．长春：吉林人民出版社，2021.

[2] 施小花．当代高校体育教育理论与发展探究［M］．长春：吉林人民出版社，2021.

[3] 曹垚．现代体育教学理论与实践训练探索［M］．长春：吉林人民出版社，2020.

[4] 蒿彬．现代体育教学多元理论与实施路径研究［M］．北京：中国书籍出版社，2020.

[5] 赵一刚．高校校园体育文化建设与探究［M］．北京：中国原子能出版社，2022.

[6] 王彦英．多元体育文化的创新与发展研究［M］．北京：中国书籍出版社，2019.

[7] 王永祥．微信公众号运营技巧［M］．武汉：华中科技大学出版社，2020.

[8] 王冬梅．高校体育教育创新发展研究［M］．吉林人民出版社，2021.

[9] 欧枝华．新时期高校体育教学及其课程体系改革研究［M］．北京：中国纺织出版社有限公司，2020.

[10] 王丹．体育教学的理论与实践探索［M］．北京：北京理工大学出版社，2019.

[11] 夏越．现代高校体育教学研究［M］．北京：北京理工大学出版社，2019.

[12] 谢明．高校体育教育理论探索与实务研究［M］．长春：吉林人民出版社，2020.

[13] 高家良，郝子平．体育教学理论与实践创新研究［M］．西安：西北工业大学出版社，2020.

[14] 常德庆，姜书慧，张磊．高校体育教学与运动训练研究［M］．长春：吉林出版集团股份有限公司，2010.

[15] 杨乃彤，王毅．高校体育教学创新及运动教育模式应用研究［M］．北京：九州出版社，2020.

[16] 邱伯聪，潘春辉，钟伟宏．体育多元教学论［M］．长春：吉林人民出版社，2020.

[17] 刘伟．高校体育教育创新理念与实践教学研究［M］．北京：九州出版社，2019.

[18] 张晓宇，王燕，张凯．体育教学多元化教学理念研究［M］．长春：吉林大学出版社，2019.

[19] 岳慧灵．体育课程运动处方教学模式［M］．长春：吉林人民出版社，2020.

[20] 孙洁．体育文化研究的多向度审视［M］．天津：天津科学技术出版社，2020.

[21] 李薛，韩剑云，孙静．现代教育技术革新下高校体育教学研究［M］．北京：中国纺织出版社，2019.

[22] 宋宝婵．新时期下高校体育教学存在的问题及解决对策研究［J］．文体用品与科技，2022（6）：156－158.

[23] 徐斌．我国高校体育教学改革的现状与对策研究［J］．当代体育科技，2022（16）：71－74.

[24] 郭峰．高校体育教学改革与发展的探讨［J］．冰雪体育创新研究，2021（14）：47－48.

[25] 徐杰，娄震．"课程思政"视域下的高校体育教学研究［M］．北京：九州出版社，2021.

［26］田小静．基于课程思政理念的高校体育教学改革途径［J］．体育科技文献通报，2021（1）：45－46，50.

［27］贺奇乐，卫廷，杨琦．"健康第一"理念下高校体育教学的改革创新［J］．陕西教育（高教版），2020（6）：29－30.

［28］董峰．终身体育理念下高校体育教学的改革［J］．当代体育科技，2020（15）：3，5.

［29］梁建桃．终身体育视域下高校体育教学改革对策研究［J］．当代体育科技，2021（20）：99－101.

［30］韩琪．终身体育理念下高校体育教学改革的措施探讨［J］．灌篮，2020（15）：62－64.

［31］温洪泽．翻转课堂在大学体育教学中应用的现状与问题及其对策研究［J］．当代体育科技，2019（28）：113－115.

［32］蒙可斌．体验式教学在高校体育教学中的应用研究［J］．体育科技文献通报，2019（2）：96－97.

［33］张静．体验式教学在高校体育教学中的应用策略［J］．灌篮，2019（11）：151.

［34］吕峰，孙殿恩．高校体育教学中逆向教学法的应用［J］．智库时代，2019（46）：175－176.

［35］刘炜．高校体育教学中逆向教学法的应用探讨［J］．营销界，2019（21）：169.

［36］陈金平．我国高校体育教学网络课程的设计与开发［J］．环球市场，2019（1）：213－214.

［37］徐先霞，黄庆．智慧体育和高校传统体育教学模式的融合与构建［J］．滁州学院学报，2020（5）：91－94，131.

［38］万灵娟．高校体育智慧课堂教学模式设计及应用研究［D］．成都：成都体育学院，2019.

［39］章剑舞．高校体育智慧课堂教学模式应用实践研究［J］．科技资讯，2020（25）：126－127，130.

［40］卢佳宁．突发公共危机事件视角下体育云课堂教学模式的设计与应用［D］．长沙：湖南科技大学，2021.

［41］陈巍然．信息技术在高校体育教学中的实践分析［J］．现代职业教育，2022（39）：95－97.

［42］江正．微信公众平台在高校公共体育教学中的应用及改革［J］．青少年体育，2020（3）：102－103，97.

［43］陈颖．高校体育教学微信公众平台的模块构建与功能分析［J］．新校园（上旬刊），2017（3）：128－129.

［44］曾伟．基于微信公众平台的大学体育微课设计与应用研究［J］．青少年体育，2019（6）：75－76.

［45］申景桃．微信公众平台在高校体育教育中的应用研究——以"安院阳光运动平台"研究为例［J］．湖南科技学院学报，2018（5）：141－143.